Hans Jochen Boecker

Das Lob des Schöpfers in den Psalmen

Neukirchener

© 2008
Neukirchener Verlag
Neukirchener Verlagsgesellschaft mbH, Neukirchen-Vluyn
Alle Rechte vorbehalten
Umschlaggestaltung: SH Grafikdesign, Wipperfürth
Druckvorlage: Angela Kasseckert
Gesamtherstellung: Hubert & Co., Göttingen
Printed in Germany
ISBN 978–3–7887–2316–3

Bibliographische Information der Deutschen Nationalbibliothek

Die Deutsche Nationalbibliothek verzeichnet diese Publikation in der Deutschen Nationalbibliographie; detaillierte bibliographische Daten sind im Internet über http://dnb.d-nb.de abrufbar.

Vorwort

Die Bewahrung der Schöpfung ist heute ein Thema, das
die Menschen weltweit umtreibt. Wegen ihrer akuten Ge-
fährdung ist der Blick auf die Schöpfung und ihre Schönheit stärker ins allgemeine Bewusstsein gerückt, als das in
früheren Zeiten wohl der Fall war. Auch im Alten Testament ist die Schöpfung Gottes ein wichtiges Thema. Das
wird in einer kurzen Einführung thematisiert. Im Zentrum
aber steht das Thema Schöpfung in den Psalmen des Alten
Testaments. Die Schöpfung ist hier Anlass und Inhalt vielfältigen und vielgestaltigen Lobens, was durch eine Auslegung der vier wichtigsten Schöpfungspsalmen gezeigt und
erläutert wird. Vorher wird einiges zur Bedeutung der
Psalmen und ihrer Auslegung allgemein gesagt.
Die vier Psalmen werden in einer eigenen Übersetzung
dargeboten. Die Auslegungen sind wissenschaftlich ver-
antwortet, sie richten sich aber nicht in erster Linie an Bi-
belwissenschaftler, sie verzichten deshalb auf die Diskussion wissenschaftlicher Detailprobleme. Gedacht ist ganz
allgemein an Menschen, die an der Bibel und ihrer Bot-
schaft interessiert sind, z.B. an Mitglieder biblisch orien-
tierter Hauskreise und Presbyterien, an Studierende der
Theologie und der Religionspädagogik.
Ich habe an dieser Stelle vielfältig zu danken. Mein Dank
gilt vornehmlich Herrn Verlagsleiter Dr. Volker Hampel
für seinen großen Einsatz, mit dem er das Erscheinen des
Buches gefördert hat, aber auch Frau Angela Kasseckert,
die die Druckvorlage mit großer Sorgfalt erarbeitet hat.

Wuppertal, im Juli 2008   Hans Jochen Boecker

Inhalt

1

Allgemeine Erwägungen zur Psalmenauslegung und zum Umgang mit den Psalmen

Das Buch der Psalmen, der so genannte Psalter, ist ganz anders als alle anderen Bücher des Alten Testaments. Es entstammt einem großen Zeitraum und versammelt in sich die ganze Fülle der Möglichkeiten des Redens zu Gott, die es für den alttestamentlichen Menschen gab. Trotz dieser Fülle und Vielfalt gibt es doch einige Grundlinien, auf denen sich die Mehrzahl der 150 Psalmen des Psalters bewegen.

Das in diesem Buch aufgezeichnete Rufen zu Gott erfolgt im Wesentlichen in zwei Richtungen. Es ist zum einen das Gebet des *Lobens* und zum anderen das Gebet der *Klage* und der *Bitte*. Es ist damit nicht alles angesprochen, was im Psalter steht, aber zweifellos das Wesentliche.

Nun ist ein Gebet immer mehr als ein Text. Ein Gebet wird nicht nur gesprochen, es ist ein Gesamtvorgang, zu dem auch Gesten und ein bestimmtes Verhalten gehört – für uns etwa das Falten der Hände, das Konzentration herstellt. Derartiges sollte nicht als Äußerlichkeit abgetan und verachtet werden.

An dieser Stelle seien einige Hinweise auf Gebetsgebärden gegeben, die das Alte Testament für die alte Zeit überliefert: Häufig wurde vor dem Gebet die Proskynese vollzogen, d.h. man warf sich vor Gott auf die Knie, wobei das Angesicht den Boden berührte – es ist der Gestus absoluter Unterwerfung (vgl. Gen 14,16; Ex 34,8). Als muslimischer Gebetsgestus wird diese Form der Gebetshaltung bis heute praktiziert. In alttestamentlicher Zeit kann kniend oder stehend gebetet werden. Dabei werden die Hände ausgebreitet und die Handflächen werden gegen den Himmel oder das Heiligtum gerichtet. Bemerkenswert ist eine Gebetsgebärde, die vom Propheten Elia berichtet wird und die sonst im Alten Testament keine weitere Erwähnung findet: Der Prophet legt seinen Kopf zwischen die Knie, 1Kön 12,42. Man hat diesen Gestus verschiedenartig gedeutet. Er dürfte ein Ausdruck höchster Konzentration sein. Im Allgemeinen wird laut und öffentlich gebetet. Nach 1Sam 1 wird Hanna vom Priester Eli getadelt, weil sie leise und unverständlich gebetet hat. Die Gebetsrichtung ist erst eine späte Sitte (vgl. 2Chr 6,34; Dan 6,11). Auch das Wertlegen auf bestimmte Gebetszeiten taucht erst ganz am Rande des Alten Testaments auf. So wird in Dan 6,11.14 ein dreimaliges Gebet erwähnt.

Im Psalter begegnet uns im Grunde Inhalt und Form allen rechten Betens. Das ist nicht nur von Israel empfunden und erlebt worden. Der Psalter ist das Buch des Alten Testaments, das im Raum der Kirche mehr gelesen und benutzt worden ist als jedes andere. Die Bedeutung des Psalters für die Christenheit zeigt sich auch daran, dass das Neue Testament kein eigenes, etwa dem Psalter entsprechendes Gebetbuch enthält. Offenbar wurde der Psalter als ausreichend oder besser gesagt als nicht zu überbieten und nicht ersetzbar empfunden. Die Alte Kirche hat es anders gehalten als Markion und die Markioniten, die bei ihrer grundsätzlichen Ablehnung des Alten Testaments auch den alttestamentlichen Psalter als jüdisch verworfen und einen Gegenpsalter geschaffen haben, wobei sie später auch durchaus Nachfolger gefunden haben. Die Kirche hat das als häretisch abgelehnt und ist bei dieser Haltung durch ihre gesamte Geschichte hindurch geblieben. Die Zugehörigkeit des Psalters zur christlichen Bibel hat ihre Auswirkungen bis hinein in die Gestaltung mancher Druckausgaben des Neuen Testaments, denen der Psalter als einziges Buch aus dem Alten Testament beigegeben ist.

Die alttestamentlichen Psalmen haben das geistliche Leben der Christen durch die Jahrhunderte hin entscheidend geprägt und gestaltet. Mit den Psalmen hat man gebetet und an den Psalmen hat man Beten gelernt. Nicht ohne Grund hat man deshalb die Psalmen eine »Schule des Gebetes« genannt.

Aber nun können wir natürlich nicht an der Tatsache vorbeigehen, dass das Gebet in unserer Zeit in eine Krise geraten ist. Das ist auch nicht nur ein Phänomen unserer Zeit. Es gibt z.B. eine traditionsreiche philosophische Gebetskritik, besonders des Bittgebets. Ich belege es mit einigen Sätzen des Philosophen Wilhelm Weischedel:

»Wird Gott als ein Gegenüber verstanden, das der Mensch mit Bitten und Flehen umstimmen könnte, so ist das für den Philosophen zu kurz gedacht. Denn dann wird Gott ein wandelbarer Wille zugesprochen, und er wird damit in Analogie mit den Menschen gedacht und auf das Niveau des menschlichen Daseins herabgezogen. ... Wenn der Philosoph von Gotte redet, dann denkt er an die absolute, über alles Irdische unendlich erhabene Macht, die in keiner Weise in das Endliche verstrickt ist. Die Ewigkeit Gottes wäre missverstanden, wenn man sie als einen unendlichen Ablauf wechselnder Zustände Gottes begreifen wollte; sie sind ein immer gleiches, unwandelbares Sein Gotte in sich selber«[1].

Einen so verstandenen Gott kann man nicht bitten, einen so verstandenen Gott kann man nur anbeten. Und für Weischedel ist denn auch die Anbetung die einzig angemessene Haltung des Beters Gott gegenüber.

Der Angriff auf das Gebet kann aber auch sehr viel vordergründiger geschehen. Da sagt man etwa: Man sollte nicht beten, wo man etwas tun könnte. Aber bereits die Mönche des Mittelalters haben gewusst, dass das keine Alternativen sind. Sie prägten den Satz »ora et labora«. Beten und soziales Engagement schließen sich gegenseitig nicht aus.

Die Krise des Gebets greift tiefer. Sie zeigt sich in einen Abbau und Nachlassen des Gebets überhaupt, des persönlichen Gebets, obwohl man darüber nur schwer etwas Bündiges sagen kann, gewiss aber des öffentlichen Gebets, des Gebets in Schule, Haus und Kirche.

Zu diesem stummen Angriff auf das Gebet in Form des langsamen Aussterbens kommt der verbale Angriff auf das Gebet, nicht zuletzt aus theologischem Munde. Der Argumente sind viele, und sie gehen glatt ein. Da wird gegen das fürbittende Gebet eingewandt, dass es eine Ersatzhandlung sei, ein billiges Alibi. Wo immer man nicht helfen könne oder wolle, da springe die Fürbitte ein. Und das

1   W. Weischedel, Vom Sinn des Gebets, in: ders., Wirklichkeit und Wirklichkeiten, 1960, 153ff.

Dankgebet, dem das Lob unterzuordnen ist, wird als die Ausdruckshaltung der *beati possidentes* verstanden, der Satten und Besitzenden, die ihre Mitschuld am Elend der anderen verleugnen. Nun sind diese und ähnliche Infragestellungen des Gebetes sicher nicht einfach grundlos, sie müssen ernst genommen und bedacht werden.

Was kann in dieser Situation eine Beschäftigung mit den Psalmen des Alten Testaments leisten? Ist hier Hilfe zu erwarten? Gewiss nicht auf die Weise, dass wir mit einem Schlage aus den Schwierigkeiten herausgeholt werden. Ja, es mag sein, dass sich zunächst durchaus neue Schwierigkeiten auftun. Denn das wird unvermeidlich sein, dass uns auch die Fremdheit und Ferne der alttestamentlichen Psalmen bewusst wird. Aber das hat noch nie gehindert, dass die Psalmen zu allen Zeiten immer wieder neu entdeckt, immer wieder neu erfahren wurden als unvergleichliche Zeugnisse eines Redens mit Gott, das die ganze Fülle, Höhe und Tiefe des Lebens im Hintergrund hat und zugleich in einer staunenswerten Unmittelbarkeit Gott gegenüber sich vollzieht.

Wir sind ausgegangen von der Feststellung, dass die Psalmen bis heute trotz allem im gottesdienstlichen und persönlichen Gebrauch eine nicht zu überschätzende Bedeutung haben.

Wie ist das zu erklären? Wie kann man es verstehen, dass so alte Texte, die aus einer zeitlichen Entfernung von bis zu 3000 Jahren zu uns sprechen, immer noch ›ankommen‹, immer noch verwendbar sind und auch immer wieder als Vorlage für mehr oder weniger gelungene Neu- und Nachdichtungen dienen?

Die Antwort auf diese Fragen wird durch die Erkenntnisse der Gattungsforschung erleichtert. Dadurch ist deutlich geworden, dass in den Psalmen nicht irgendein Individuum zu Wort kommt, das vor langer, langer Zeit gelebt hat, dass sich hier vielmehr die Leid- und Glaubenserfahrungen vieler Beterinnen und Beter in unvergleichlicher Weise gesammelt und verdichtet haben. Das hat zur Folge, dass der historische Abstand bei diesen Texten oft keine Rolle spielt, dass man ihnen auch ohne exegetische Detailarbeit angemessen begegnen kann und in ihre Bewegung hineingenommen wird, wenn man sich nur auf sie einlässt. Eindrucksvoll hat R.M. Rilke einmal diesen Sachverhalt beschrieben:

»Ich habe die Nacht einsam hingebracht ... und habe schließlich ... die Psalmen gelesen, eins der wenigen Bücher, in dem man sich restlos unterbringt, mag man noch so zerstreut und ungeordnet und angefochten sein«[2].

Die Psalmen sind keine prosaischen, sondern es sind poetische Texte. Das ist allgemein bekannt und einleuchtend. Wie aber sieht die Poesie aus, die uns hier begegnet? Damit ist ein schwieriges und bis heute durchaus kontrovers diskutiertes Problem angesprochen. Das gilt vor allem für die Fragen des Metrums und des Strophenbaus. An dieser Stelle sollen lediglich einige Hinweise gegeben werden zu der Erscheinung hebräischer Poesie, die besonders ins Auge fällt, zum so genannten *parallelismus membrorum*. Damit ist ein entscheidender Unterschied gegenüber der europäischen Dichttradition namhaft gemacht. In der europäischen Dichtung spielt der Reim, vornehmlich der Endreim eine wichtige Rolle. Im Alten Testament ist der Reim eine Ausnahme, vielleicht sogar eine zufällige Ausnahme. Auch den Stabreim gibt es hier nicht.
Beim *parallelismus membrorum* geht es darum, dass ein poetischer Vers aus zwei, gelegentlich auch aus drei Gliedern zusammengesetzt ist, die in bestimmter Weise auf einander bezogen sind. Man hat diese Form der Poesie auch »Gedankenreim« genannt. Man unterscheidet vier Hauptformen des *parallelismus membrorum*. Weitere Untergliederungen sind möglich, worauf hier aber nicht eingegangen werden soll. Grundsätzlich ist festzustellen, dass eine reiche Variationsbreite besteht. Der Schulmeister würde sagen: Es gibt viele Unregelmäßigkeiten.
Zunächst ist der *synonyme Parallelismus* zu nennen. Im zweiten Glied – man sagt auch Stichos oder Kolon – wird die Aussage des ersten Gliedes mit anderen Worten noch einmal ausgedrückt. Als ein Beispiel dieser außerordentlich häufigen Erscheinung sei Ps 100,2 genannt: »Dient Jahwe

2   Zitiert nach G. v. Rad, Theologie des Alten Testaments, Band I, 1969, 412.

mit Freuden! – Kommt vor sein Angesicht mit Jubel!« Anders ist es beim *antithetischen Parallelismus*. Hier wird im zweiten Glied ein Gedanke ausgesprochen, der im Gegensatz zum Gedanken des ersten Gliedes steht. Dadurch wird diese Aussage unterstrichen und vertieft. So heißt es in Ps 1,6: »Jahwe kennt den Weg der Gerechten – aber der Weg der Frevler vergeht«. Beim *synthetischen Parallelismus* wird der Gedanke des ersten Gliedes im zweiten Glied weitergeführt und ergänzt. Als Beispiel sei Ps 2,6 genannt: »Ich habe meinen König eingesetzt – auf dem Zion, dem Berg meines Heiligtums«. Dieses Beispiel zeigt eine Problematik, die dieser Form des *Parallelismus* innewohnen kann. Die Abgrenzung zur Prosa ist in diesen Fällen schwierig. Das ist ein Hinweis darauf, dass die Grenze zwischen alttestamentlicher Poesie und Prosa nicht so eindeutig zu ziehen ist, wie wir das in traditioneller Weise gewöhnt sind. Aber in der modernen Literatur gibt es die Unterscheidung zwischen Poesie ja auch nicht mehr im herkömmlichen Sinn. Eine Sonderform des synthetischen Parallelismus ist der *parabolische Parallelismus*. Hier steht dem Bild des ersten Gliedes im zweiten Glied die Sachaussage gegenüber, auf die es ankommt. Beispiel: Ps 103,13 »Wie sich ein Vater seiner Kinder erbarmt – so erbarmt sich Jahwe derer, die ihn fürchten«. Schließlich sei der seltenere so genannte stufenartige oder *klimaktische Parallelismus* genannt. Im zweiten Glied wird ein Wort aus dem ersten Glied aufgenommen, so in Ps 29,1: »Gebt Jahwe, ihr Göttersöhne – gebt Jahwe Ehre und Macht«.

Was soll man dazu sagen? Wie ist diese Form von Dichtung zu beurteilen? Johann Gottfried Herder ist einer der ersten gewesen, der sich über die Dichtform des *parallelismus membrorum* Gedanken gemacht hat. Er glaubte, sie gegen den Vorwurf verteidigen zu sollen, dass sich hier eine arme, barbarische Sprache ausdrücke, die sich immer wiederholen muss. Er brachte demgegenüber den *parallelismus membrorum* mit Tanz und Chorgesang in Zusammenhang, wo ja auch Wiederholungen immer wieder vorkommen. Das ist eine schöne und keineswegs falsche Beobachtung, denn die Psalmen sind ja ursprünglich gesungen worden. Aber man muss noch etwas mehr dazu sagen. K. Koch hat festgestellt, dass hinter dieser Aussageform eine

besondere Denkweise steht, die uns fremd ist. Es ist die
Überzeugung,

»dass letzte Wahrheiten über das menschliche Dasein sich nie in
einem einzigen Gedankengang ausdrücken lassen, sondern allein
in mehreren, variierenden Aussagen erfasst werden können«[3].

Es entspricht hebräischer Denkstruktur, aus zwei entge-
gengesetzten Begriffen ein Ganzes zu bilden. So gibt es
bekanntlich im Hebräischen des Alten Testaments kein
Wort für unser Wort »Welt«. Das Alte Testament sagt
»Himmel und Erde« (Gen 1,1). Und noch etwas ist in diesem Zusammenhang zu sagen. Der *parallelismus membrorum* erleichtert die Meditation, erleichtert das Verweilen bei einem Gedanken, den man unter seiner Anleitung
von den verschiedensten Seiten aus betrachten kann. Das
macht den *parallelismus membrorum* gerade für die Ge-
betsdichtung besonders hilfreich und geeignet.
Nunmehr soll einiges zur *Ordnung und Entstehung* des
Psalters gesagt werden. In diesem Zusammenhang sei zunächst erwähnt, dass der Psalter gern in fünf Bücher ein-
geteilt wird. Diese Einteilung ist im MT und auch in der
LXX nicht kenntlich gemacht. Sie wird dadurch gewonnen,
dass man an vier Stellen jeweils am Ende eines Psalms
einen doxologischen Vers findet, der offensichtlich ursprünglich nicht zu diesem Psalm gehört hat. Zum ersten
Mal begegnet eine derartige Doxologie in Ps 41,14: »Ge-
lobt sei Jahwe, der Gott Israels, von Ewigkeit zu Ewigkeit!
Amen. Amen.« Ähnlich am Ende von Ps 72; 89 und 106.
Diese Doxologien stimmen nicht wörtlich miteinander
überein, aber sie haben eine Gemeinsamkeit. In ihnen
kommt jeweils das Wort »Amen« vor. Da dieses Wort im
Psalter sonst unbekannt ist, ist an der Zusammengehörig-
keit dieser vier Doxologien nicht zu zweifeln. Es ergibt sich
diese Einteilung: Ps 1–41; 42–72; 73–89; 90–106; 107–150.
Das fünfte Buch wird nicht mit einer derartigen Doxologie
beendet. Man kann aber Ps 150 als solche und zugleich als
abschließende Doxologie des Gesamtpsalters verstehen. Es

3   K. Koch, Was ist Formgeschichte? Neue Wege der Bibelexegese,
[2]1967, 116.

sind Bücher sehr unterschiedlichen Umfangs. In den gängigen Bibelübersetzungen ist die Bucheinteilung des Psalters auf die Weise kenntlich gemacht, dass an der entsprechenden Stelle die Überschrift »Erstes Buch«, »Zweites Buch« usw. steht – so in der Lutherbibel, der Zürcher Bibel, der Einheitsübersetzung, der Elberfelder Bibel, der Guten Nachricht.

Was aber bedeutet diese Einteilung des Psalters in fünf Bücher, was ist ihr Sinn? Zunächst ist festzustellen, dass die Fünf-Zahl auch sonst ein beliebtes Einteilungsprinzip ist. Vor allem sind hier die fünf Bücher Mose zu nennen, aber auch die fünf Klagelieder, die im Anschluss an das Jeremiabuch überliefert sind, oder das äthiopische Henochbuch. Damit ist aber wenig über die Bedeutung dieser Einteilung des Psalters gesagt. Sie wird so zu beschreiben sein: Den fünf Büchern Mose sollen die fünf Bücher der Psalmen oder anders ausgedrückt die fünf Bücher Davids entsprechen. So kann man es z.B. in einem späten rabbinischen Midrasch lesen:

»Mose gab den Israeliten die fünf Bücher der Tora, und David gab den Israeliten die fünf Bücher, die im Psalter (enthalten) sind«[4].

Wenn man es so sieht, dann sind die Psalmen die Antwort Israels auf die ihm gegebene Tora des Mose. Wie dem auch sei, die Einteilung des Psalters in fünf Bücher ist mit Sicherheit ein später Vorgang.

Etwas anderes und sehr viel ursprünglicher ist der Umstand, dass der Psalter, so wie er uns vorliegt, aus *Psalmensammlungen* entstanden ist, die ursprünglich einmal selbständig existiert haben. Das lässt sich am deutlichsten daran erkennen, dass es im Psalter Doppelüberlieferungen gibt. Am bekanntesten ist die Parallelität der Psalmen 14 und 53. Aber auch Ps 70 ist zu nennen, der in Ps 40,14–18 eine wörtliche Parallele hat. Auf die Nennung anderer Parallelen kann hier verzichtet werden. Von den alten Teilsammlungen sei zunächst der »elohistische Psalter« erwähnt. Er liegt vor in Ps 42–83. Der Name weist auf eine

4   Zitiert nach H. Gese, Die Entstehung der Büchereiteilung des Psalters, in: ders., Vom Sinai zum Zion, 1974, 159.

Eigenart der hier tätig gewesenen Sammler hin. Sie haben an zahlreichen Stellen den Gottesnamen Jahwe durch das allgemeine Gottesapellativum אלהים ersetzt, ohne jedoch den Jahwenamen völlig zu tilgen. Welches Interesse kann einer derartigen Elohim-Rezension zu Grunde gelegen haben? Darauf gibt es wohl nur die Antwort, dass hier ein missionarisches Interesse gewaltet hat. »Jahwe« sollte nicht als Nationalgott Israels verstanden werden, um so den Zugang zum Alten Testament zu erleichtern. Die theologische Problematik dieser Erleichterung darf nicht übersehen werden. Es besteht die Gefahr, dass die bestimmte Gestalt der Offenbarung dadurch verdeckt wird. Der Gott des Alten Testaments hat sich aber nicht allgemein offenbart, sondern ganz speziell dem Volk Israel und er hat es getan unter seinem Namen Jahwe.

Der »elohistische Psalter« ist keine von Grund auf originale Sammlung. Er ist aufgebaut auf vorgegebenen Quellensammlungen. Die umfangreichste der vorgegebenen Quellensammlungen ist durch die zu den einzelnen Psalmen gesetzte Überschrift לדוד (»von David«) gekennzeichnet. Innerhalb des »elohistischen Psalters« sind Ps 51–70 so genannte Davidpsalmen, zu denen als Nachtrag Ps 72 mit der Überschrift »von Salomo« gehört. Es folgt eine Gruppe von »Asafpsalmen« (Ps 73–83), wozu auch Ps 50 gehört.

Auf einige weitere in den Psalter aufgenommene Teilsammlungen soll noch hingewiesen werden. Da wäre zunächst eine zweite Sammlung von Davidpsalmen zu nennen: Ps 3–41. In diesem Fall kann auch eine gewisse inhaltliche Einheitlichkeit festgestellt werden. Die meisten dieser Psalmen, allerdings nicht alle, gehören zur Gattung der Klagelieder. Schließlich seien noch die so genannten »Wallfahrtspsalmen«, Ps 120–134, als eine kleine ältere Psalmensammlung genannt. Diese 15 Psalmen sind durch die ihnen beigegebene Überschrift als zusammengehörig erwiesen. Die Überschrift ist nicht absolut, aber doch weitgehend gleich, wobei die Deutung dieser Überschrift durchaus verschieden vertreten wird, worauf hier aber nicht weiter einzugehen ist. Die Sammlung der »Wallfahrtspsalmen« ist überdies deutlich nach vorn und hinten abgegrenzt, einmal durch Ps 119, der mit seinen 176 Ver-

sen der umfangreichste Psalm des Psalters ist, zum anderen durch die hymnische Psalmen 135 und 136.
Wie ist aus den heute noch erkennbaren älteren Teilsammlungen schließlich der kanonische Psalter geworden? Diese Frage ist kaum schlüssig beantwortbar. H.-J. Kraus schrieb in seinem großen Psalmenkommentar dazu Folgendes:

Es wird »kaum möglich sein, den Prozess des allmählichen Zusammenwachsens der Teilsammlungen nachzuzeichnen und in ihrem geschichtlichen Werden zu erklären. Hier sind der forschenden Nachfrage Grenzen gesetzt« (S. 11).

Die meisten dieser Teilsammlungen sind durch *Über-schriften* gekennzeichnet. Damit kommen wir zu einem schwierigen Problem der Psalmenauslegung, zu dem in der gebotenen Kürze etwas gesagt werden soll. Von den 150 Psalmen des Psalters tragen 126 eine Überschrift, die sehr verschieden aussehen kann. So besteht die Überschrift des Ps 98 im hebräischen Text nur aus einem Wort (»ein Psalm«), in Ps 51 aus zwei Versen. Was die Deutung der Psalmenüberschriften angeht, so ist in dieser Sache vieles unklar und exegetisch umstritten. Deshalb gebe ich hier nur einige Hinweise. Man kann die Psalmenüberschriften in Sachgruppen einteilen. Die wichtigsten sind diese:
1.   Namen von Einzelpersonen oder Gruppen: besonders David, aber auch Mose, Salomo, Asaf, Korach usw.
2.   Liedarten: In der Lutherbibel z.B. Lied, gülden Kleinod, Loblied, Klagelied.
3.   Angaben zur musikalischen Aufführungspraxis: In der Überschrift von 55 Palmen findet sich z.B. eine Angabe, die in der Lutherbibel mit »vorzusingen« wiedergegeben wird. In anderen Übersetzungen steht an dieser Stelle »Für den Chormeister« (Zürcher Bibel) oder »Dem Chorleiter« (Elberfelder Bibel, so oder ähnlich auch die meisten Kommentare). Zu dieser Kategorie gehören noch zahlreiche andere Angaben, von denen hier nur eine genannt werden soll: »Auf der Gittit« (Ps 8,1; 81,1; 84,1).
4.   Einige Psalmüberschriften weisen den betreffenden Psalm bestimmten gottesdienstlichen Vorgängen oder Festen zu. So heißt es z.B. in Ps 38,1 und Ps 70,1 »Zum Gedenkopfer«.

5.	Schließlich seien die Überschriften der oben erwähnten »Wallfahrtslieder« (Ps 120–134) genannt.

Die Psalmüberschriften sind keine ursprünglichen Bestandteile des jeweiligen Psalms. Es handelt sich um sekundäre Zusätze, durch die natürlich bestimmte Aussagen gemacht werden. Das gilt auch von der am häufigsten vorfindlichen Überschrift »Ein Psalm Davids« oder wie es in den meisten Fällen wörtlich übersetzt heißt »Von David«. Dass die Überschriften nicht zum ursprünglichen Psalm gehören, macht z.B. die Einheitsübersetzung dadurch deutlich, dass die Überschriften in eckige Klammern gesetzt werden. In der Elberfelder Bibel wird die Besonderheit der Überschriften dadurch kenntlich gemacht, dass sie kursiv gedruckt sind. In der Lutherbibel ab der Ausgabe von 1984 sind die Überschriften in Kapitellchen gesetzt, was früher nicht der Fall war. In der Zürcher Bibel ist die Besonderheit der Psalmenüberschriften drucktechnisch nicht kenntlich gemacht. Dass die Überschriften ursprünglich nicht zum jeweiligen Psalm gehören, gilt auch von den 13 Davidspalmen, bei denen in der Überschrift die Situation genannt wird, in der David den Psalm gesprochen oder gedichtet haben soll. So heißt es bereits in Ps 3,1 »Ein Psalm Davids, als er vor seinem Sohn Absalom floh«. Eine direkte Bezugnahme auf die in 2Sam 15–18 geschilderten Ereignisse kann man dem Psalm kaum entnehmen.

Wie ist es zu erklären, dass so viele Psalmen durch ihre Überschrift als Davidpsalmen bezeichnet werden? David galt in der Tradition, die sich im Alten Testament vor allem in den Chronikbüchern niedergeschlagen hat, als der exemplarische Psalmendichter. Unter dem Einfluss dieser Tradition ist es dann dazu gekommen, dass man mehr und mehr Psalmen dem David zugeschrieben hat. Diese Psalmen sind dann in eigenen Sammlungen vereinigt worden. Dass es sich bei dieser Hinzufügung der Verfasserangabe um einen fortschreitenden Prozess gehandelt hat, wird daran sichtbar, dass nicht alle Psalmen als Psalmen »Von David« bezeichnet wurden. Offenbar ist der »Davidisierungsprozess« irgendwann gestoppt worden, so dass die Gesamtsammlung nicht in der Weise unter der Überschrift »Von David« steht, wie die Sprüche »Sprüche Salomos« heißen.

2

Das historische und theologische Problem der alttestamentlichen Schöpfungsaussagen

Das apostolische Glaubensbekenntnis beginnt mit dem Satz: »Ich glaube an Gott, den Vater, den Allmächtigen, den Schöpfer des Himmels und der Erde«. Gott, der Schöpfer des Himmels und der Erde, ist der Inhalt des 1. Artikels unseres Glaubensbekenntnisses.

Wenn wir die Bibel aufschlagen, begegnen wir einem ähnlichen Sachverhalt. Der erste Satz der Bibel lautet in der Übersetzung der Lutherbibel: »Am Anfang schuf Gott Himmel und Erde«. Mit der Schöpfungsaussage beginnt das Alte Testament und die Bibel überhaupt.

Dieser unbezweifelbare Sachverhalt muss aber hinterfragt werden. Ich tue es, indem ich einen paradoxen Satz formuliere. Er lautet so: »Das erste Kapitel der Bibel (also das Schöpfungskapitel Gen 1) ist nicht das erste Kapitel der Bibel«.

Gemeint ist damit dies: Was jetzt am Anfang der Bibel steht, dass Gott die Welt in all ihren Bezügen geschaffen hat, das gehört für Israel nicht an den Anfang der Rede von Gott. Israel ist in seiner Vorstellung von Gott nicht von Gott als dem Schöpfer ausgegangen, sondern von Gott als dem Erretter. Das Bekenntnis zu Gott als dem Schöpfer ist also nicht die Voraussetzung des Glaubens, sondern erst dessen Folge. Der israelitische Gottesglaube ist zunächst Heilsglaube, der aufgrund erlebter geschichtlicher Erfahrungen von Israel formuliert und bekannt wurde. Der Satz: »Jahwe hat Israel aus Ägypten herausgeführt« ist das Urbekenntnis Israels. Der Satz: »Am Anfang schuf Gott Himmel und Erde« ist demgegenüber etwas Zweites.

In diesem Zusammenhang sei an einen terminologischen Sachverhalt erinnert. C. Westermann hat mehrfach darauf hingewiesen, dass es alttestamentlich gesprochen gar kei-

nen »Schöpfungsglauben« gibt und geben kann[1]. Er stellt
fest, dass es im Alten Testament nicht nur keine Credo-
formulierung gibt, in der die Schöpfung vorkommt, es gibt
dort auch kein Äquivalent für den deutschen Begriff
»Schöpfungsglauben«. Das hängt damit zusammen, dass
der biblische und vornehmlich der alttestamentliche Glau-
bensbegriff ein anderer ist als der umfassende Glaubens-
begriff, wie er im deutschen Wort »Schöpfungsglaube«
vorliegt. Alttestamentlich gesprochen kann es »Glauben«
nur geben in der Situation der Entscheidung. Man kann
glauben, d.h., man kann sein Vertrauen auf etwas setzen,
oder man glaubt eben nicht. Ein eindrücklicher Beleg für
dieses Verständnis von »Glauben« ist Jesajas berühmtes
Wort »Glaubt ihr nicht, so bleibt ihr nicht« (Jes 7,9). In
diesem Sinn aber kann die Schöpfung nicht Gegenstand
des Glaubens sein. Dass Gott oder die Götter die Welt geschaffen haben, ist ein in der Antike schlechterdings nicht
bestrittener und nicht bestreitbarer Satz. Man kann fast
sagen: Das ist eine Denkvoraussetzung, aber nicht ein Gegenstand des Glaubens, auf gar keinen Fall Ausgangspunkt
des Glaubens. Das alles heißt nicht, dass das Reden von der
Schöpfung im Alten Testament etwas Nebensächliches wäre, es heißt aber, dass es darauf ankommt, diesem Reden
seinen angemessenen Ort zuzuweisen.

Mit alledem hängt es zusammen, dass im Alten Testament
von der Schöpfung in einer sehr vielgestaltigen Weise geredet wird, während das Bekenntnis von der Herausführung aus Ägypten demgegenüber eine große Eindeutigkeit
hat. Exemplarisch lässt sich das bereits an den beiden
Schöpfungsberichten sehen, die am Anfang des Alten Testaments stehen.

Die Rede von der Schöpfung Gottes ist ein theologisches
Erbe Kanaans. Hier begegnete Israel Vorstellungen von
der Schöpfung durch Gott oder die Götter, die es übernommen und weitergeführt, des aber vor allem mit dem
Heilsglauben verbunden hat. Das ist im Wesentlichen relativ spät geschehen.

---

1   Vgl. vor allem den Aufsatz »Das Reden von Schöpfer und Schöpfung im Alten Testament«, in: FS für Leonhard Rost (BZAW 105),
1967, 238–244 und C. Westermann, Genesis (BK I/1), 1974, 58f.

Ich fasse das Gesagte zusammen mit einem Zitat aus einem Aufsatz von Jörg Jeremias:

»Vergleicht man die biblischen Texte mit der literarischen Hinterlassenschaft der großen Kulturnationen aus Israels Umwelt, so fällt ein Doppeltes auf: zum einen, dass die Zahl der biblischen Texte, die ausführlich von der Schöpfung handeln, begrenzt ist, zum anderen, dass die Mehrzahl dieser Texte vergleichsweise spät entstanden ist, d.h. im Exil oder danach. Beide Beobachtungen sind Indiz dafür, dass das Thema ›Schöpfung‹ im Alten Testament einen ganz anderen Stellenwert einnimmt als in Ägypten oder Mesopotamien. Zu einem beherrschenden oder prägenden theologischen Gegenstand ist es im Alten Testament erst ab dem Exil geworden«[2].

Wie ist es zu erklären, dass die Rede von Jahwe, dem Gott Israels, als dem Schöpfer der Welt so betont und so massiv erst in der Zeit des Exils laut wird? Damit kein Missverständnis entsteht: Es gibt im Alten Testament die Schöpfungsaussage vereinzelt auch in älteren Texten. Es sei erinnert an die jahwistische Schöpfungserzählung (Gen 2, 4b – 3,24) – aber wie anders sieht der priesterschriftliche Schöpfungsbericht (Gen 1,1 – 2,4a) aus! – oder an die Melchisedekszene (Gen 14,18–20), die deutlicher, als das sonst der Fall ist, die kanaanäische Wurzel der Schöpfungsaussage erkennen lässt, und auch an manche Stellen in den Psalmen. Das ändert aber nichts an der Feststellung, dass die Rede von Gott als dem Schöpfer massiv erst in der Exilszeit und danach ausgesprochen wird. Wie ist das zu erklären? Nachdem der Tempel, die erwählte Stadt Jerusalem und das davidische Königshaus, in deren Schutz man sich geborgen wusste, nach der Katastrophe von 587 v. Chr. zerstört waren, rückte der Schöpfungsglaube, mit dessen Hilfe die nationale Katastrophe zu überwinden war, immer stärker in das Zentrum der theologischen Reflexion. Am deutlichsten wird das in der Verkündigung des Exilspropheten Deuterojesaja ausgesprochen, den man nicht zu Unrecht den Denker unter den Propheten genannt hat. Der Grundgedanke kann so formuliert werden: Wenn

---

2   Jörg Jeremias, »Schöpfung in Poesie und Prosa des Alten Testaments«, in: Jahrbuch für Biblische Theologie 5, 1990, 12.

Jahwe, der Gott Israels, die Macht hatte, die Welt zu schaffen, dann hat er auch die Macht, Israel aus der Fremde ins Gelobte Land zurückzuführen und damit neu zu schaffen.

Kurz und prägnant hat Manfred Oeming die hier angesprochenen Gedankengänge zusammengefasst in einem Exkurs seines Psalmenkommentars »Schöpfungstheologie im Alten Testament«[3]. Hingewiesen sei auch auf Horst Dietrich Preuß, der einmal die einprägsamen Sätze geschrieben hat: »Der Heilsglaube sagt, dass JHWH Heil schaffen will. Der Schöpfungsglaube ergänzt, dass es dieses Heil auch schaffen *kann*«[4]. In den Psalmen des Alten Testaments wird diese theologische Reflexion in der Regel nicht direkt ausgesprochen.

An dieser Stelle sei noch einmal ein kurzer Blick auf den zu Anfang genannten 1. Artikel des apostolischen Glaubensbekenntnisses geworfen. Man sollte nicht übersehen, dass im Credo vor der Schöpfungsaussage die Worte stehen: »Ich glaube an Gott, den Vater«. Damit wird bereits hier ein Bezug zum 2. Artikel hergestellt. Das heißt doch: Auch im christlichen Credo ist die Schöpfungsaussage des 1. Artikels in die Erlösungsaussage des 2. Artikels einbettet, was gut alttestamentlich ist.

Alles bisher zum historischen und theologischen Problem und Ort der alttestamentlichen Schöpfungsaussagen Gesagte dürfte richtig und wohl auch unbestreitbar sein. Es sei hier aber noch ein Gedanke auf dem Hintergrund der so genannten Kanonischen Exegese, die einen gewissen Gegenschlag zur historisch-kritischen Auslegung darstellt, angefügt. Unter dem Gesichtspunkt kanonischer Exegese ist zu beachten, dass das Alte Testament oder noch genereller gesagt, dass die Bibel, so wie sie jetzt als Kanon vorliegt, mit den Aussagen über Gott den Schöpfer der Welt und der Menschen beginnt. Vor den Aussagen über die Erwählung eines Einzelnen und der Erwählung eines Volkes stehen diese universalen, das Ganze der Welt betreffenden Aussagen und Bekenntnisse. Die Bibel stellt das

3   M. Oeming, Das Buch der Psalmen. Psalm 1–41 (NSKAT 13/1), 2000, 82–84.
4   H.D. Preuß, Theologie des Alten Testaments, Band 1, 1991, 273.

partikulare Erwählungshandeln Gottes in den universalen
Rahmen weltweiten Geschehens und macht damit deut-
lich, dass dieses partikulare Geschehen letztlich universale
Bedeutung hat.

3

Die Schöpfungsaussagen in den Psalmen, aufgezeigt an einigen Beispielen

In den Psalmen wird an vielen Stellen und auf vielfältige Weise vom Schöpfungshandeln Gottes gesprochen. Dafür sollen einige Beispiele benannt werden. Da gibt es z.B. die in verschiedenen Zusammenhängen gebrauchte kurze Sentenz »Der Himmel und Erde gemacht hat« (Ps 115,15; 121, 2; 124,8; 134,3). Mit diesem Satz wird die Schöpfermacht Gottes ohne nähere Spezifizierung und Ausmalung lobend und dankbar festgestellt.

Das ist anders in Ps 24,1–2, wo es heißt: »Jahwe gehört die Erde und ihre Fülle, der Erdkreis und die auf ihm wohnen. Denn er hat sie über Meeren gegründet und über Strömen befestigt«. Diese in die Form eines Bekenntnisses gegossenen Sätze bezeugen Jahwe als den Eigentümer der Erde. Er ist der Eigentümer der Erde, weil er sie gegen die chaotischen Urgewalten des Wassers gegründet hat und sie gegen die weiterhin bestehenden Bedrohungen des Chaos erhält. Dogmatisch gesprochen, es geht um *creatio* und *conservatio* der Schöpfung. Eine ganz ähnliche Aussage – zum Teil mit den gleichen Vokabeln – macht Ps 89,12: »Dir gehört der Himmel, dir gehört auch die Erde; den Erdkreis, was ihn erfüllt, hast du gegründet«. In einen völlig anderen Sachzusammenhang wird auch in Ps 50,12 der Gedanke formuliert, dass Jahwe der Eigentümer der Erde ist: »denn mir gehört der Erdkreis und was ihn erfüllt«.

Ps 78 – es handelt sich nach Ps 119 um den umfangreichsten Psalm des Psalters – ist ein Geschichtspsalm, in dem die Ereignisse der Geschichte des Volkes Israel bis hin zu David und der Gründung des Heiligtums auf dem Zion preisend geschildert werden[1]. Auch in diesem Zusammen-

---

1 Der Psalm, den B. Duhm eine »Verschronik« genannt hat, wird von H.-J. Kraus als »Geschichtslehre« bezeichnet (ders., Psalmen. 2. Teilband [BK XV/2], ⁵1978, 703).

hang kommt Gottes Schöpfungshandeln mit einem kurzen, aber sehr bezeichnenden und wichtigen Satz zur Sprache. Ps 78,69 lautet: »Er baute sein Heiligtum 'wie Himmelshöhen', wie die Erde, die er für alle Zeit gegründet«. Für Gottes Schöpfungshandeln ist die Zuverlässigkeit und Endgültigkeit entscheidend. Dieser Grundgedanke der Schöpfungstheologie wird hier auch auf das Heiligtum in Jerusalem bezogen.

Auch Ps 135 kann man zu den Geschichtspsalmen zählen. Der Psalm besteht aus mehreren, verhältnismäßig selbstständigen Teilen, in denen verschiedene Geschichtstaten Jahwes genannt werden als Anlass für die den Psalm prägende Aufforderung zum Lob Jahwes. Eingefügt ist ein Schöpfungstext. Es fällt auf, dass sich in diesem Schöpfungsabschnitt eine Einzelstimme zu Wort meldet, während der übrige Psalm vom hymnischen Plural geprägt ist. Ps 135,5–7 lauten so:

»Ja, ich weiß, dass Jahwe groß ist und unser Herr größer ist als alle Götter (V. 5). Alles, was Jahwe gefällt, das macht er im Himmel und auf Erden, in den Meeren und in allen Tiefen (V. 6). Der Wolken heraufführt vom Ende der Erde, der Blitze für den Regen macht, der Sturm aus seinen Kammern herausbringt« (V. 7).

Die Größe und die umfassende Schöpfermacht des Gottes Israels werden hier bekennend gepriesen, dem andere Götter nicht vergleichbar sind. Seine Allmacht zeigt sich daran, dass sie auch in die fernsten Bereiche der Welt hineinreicht. Im letzten Vers wird Jahwe als der Urheber und Herr der Wetterphänomene Wolken, Blitze, Regen und Sturm gepriesen. Man wird nicht fehlgehen in der Annahme, dass hier gegen kanaanäische Vorstellungen polemisiert wird, die diese Dinge dem Baal zuschreiben. Eine ganz ähnliche Aussage findet sich in Jer 10,13, wo die Götzenpolemik noch klarer ausgesprochen wird.

Zentral geht es um die Schöpfung in den so genannten »Schöpfungspsalmen«. Sie werden so genannt, weil die Rede von der Schöpfung Gottes ihr zentraler, wenn auch keineswegs einziger Inhalt ist. Der Terminus »Schöpfungspsalm« bezeichnet also nicht die Gattung des Psalms, sondern seinen wesentlichen Inhalt. Grob gesagt sind die

»Schöpfungspsalmen« gattungsmäßig den Hymnen, d.h. den Lobpsalmen zuzuordnen. Die wichtigsten Schöpfungspsalmen sind: Ps 8; 19; 104 und 136. Diese vier Psalmen sollen im Folgenden exegetisch bedacht werden. In welcher Reihenfolge soll das geschehen? Grundsätzlich wäre eine historische Reihenfolge denkbar, aber das ist in den Psalmenexegese kaum praktikabel. Die historische Verortung eines Psalms will – so oft das auch versucht worden ist – kaum gelingen. So empfiehlt es sich, die vier Psalmen in kanonischer Reihenfolge zu behandeln.

4

Psalm 8

1   *Für den Chorleiter – Nach gittitischer Weise – Ein Psalm*
    Davids.

2   Jahwe, unser Herrscher, wie herrlich ist dein Name auf der
    ganzen Erde,
    der 'du' deine Herrlichkeit auf den Himmel 'gelegt hast'.
3   Aus dem Munde von Kindern und Säuglingen hast du ein
    Bollwerk errichtet
    um deiner Widersacher willen, um ein Ende zu machen dem
    Feind und dem Rachgierigen.
4   Ja, ich darf deinen Himmel sehen, das Werk deiner Finger:
    Mond und Sterne, die du befestigt hast.
5   Was ist der Mensch, dass du seiner gedenkst,
    und des Menschen Sohn, dass du dich seiner annimmst!
6   Du hast ihn wenig geringer gemacht als Gott,
    mit Ehre und Herrlichkeit hast du ihn gekrönt.
7   Du hast ihn zum Herrscher gemacht über die Werke deiner
    Hände,
    alles hast du unter seine Füße gelegt:
8   Schafe, Ziegen und Rinder – sie alle,
    und auch die wilden Tiere,
9   die Vögel des Himmels und die Fische des Meeres,
    was die Pfade der Meere durchzieht.
10 Jahwe, unser Herrscher, wie herrlich ist deine Name auf der
    ganzen Erde!

Der Psalm ist vorzüglich überliefert. Nur an einer Stelle ist
eine Korrektur des MT nötig. In V. 2b lautet die wörtliche
Übersetzung: »... von welchem gilt, lege deine Hoheit auf
den Himmel«. Ein Imperativ kann aber nicht in einem
Relativsatz stehen, so dass eine Textänderung nicht zu
umgehen ist. Auf eine Darstellung der zahlreichen Versu-
che, den ursprünglichen Text zu ermitteln, soll hier verzichtet werden. Am wahrscheinlichsten dürfte die in BHS
vorgeschlagene Lesart sein, die die Grundlage der oben

dargebotenen Übersetzung ist. Der Vorzug dieser Lösung des Problems liegt nicht nur in der verhältnismäßig großen Nähe zum MT, sondern auch darin, dass diese Lesart durch zahlreiche alte Übersetzungen gestützt wird. Wie problematisch die Übersetzung dieses Halbverses ist, mag ein Vergleich der beiden letzten Ausgaben der Lutherbibel zeigen. Luther 1912: »du, den man lobet im Himmel«; Luther 1984: »der du zeigst deine Hoheit am Himmel«. Hingewiesen sei noch auf die Übersetzung von V. 3a. Beginnend mit der LXX hat eine eigenartige Deutung des hebräischen Wortes עז Platz gegriffen. Die LXX hat hier das Wort αἶνος = »Lob«. Dem folgen die anderen alten Übersetzungen einschließlich der Vulgata bis hin zum Psalterium Pianum, wo der Satz so lautet: »*Ex ore infantium et lactentium parasti laudem*«. Auch das Neue Testament folgt dieser Tradition. In Mt 21,16 wird exakt der Text der LXX übernommen. Die Philologie lässt diese Übersetzung des hebräischen Wortes nicht zu. Es heißt »Stärke«, »Macht« und wird gelegentlich auch konkret gebraucht mit der Bedeutung »Festung« oder »Bollwerk« Die von der LXX inaugurierte Deutung ist eine den hebräischen Text spiritualisierende Umdeutung. Es ist bemerkenswert, dass M. Luther gegen die Übermacht der Tradition zur Bedeutung des hebräischen Textes zurückgekehrt ist, womit er sich das Verständnis dieses Verses auf den ersten Blick nicht erleichtert, sondern erheblich erschwert hat. Er hat das selbst empfunden und ausgesprochen[1]. Interessant ist ein Blick in wichtige deutsche Bibelübersetzungen. Wie die Lutherbibel übersetzt die Elberfelder Bibel das Wort mit »Macht«, die Zürcher Bibel in der Fassung von 2007 sagt: »hast du ein Bollwerk errichtet« und bleibt damit bei der richtigen Deutung des hebräischen Wortes. Die katholische Einheitsübersetzung jedoch hat »Lob«.

Zunächst seien einige wenige Bemerkungen zur Gattung von Ps 8 gemacht. Der Psalm wird meist als Hymnus bezeichnet. Das ist zunächst einleuchtend, aber so ganz unproblematisch ist das doch nicht. Es fehlt die hymnische

---

1 D Martin Luthers Psalmen-Auslegung, 1. Band, herausgegeben von E. Mülhaupt, 1959, 126.

Aufforderung. Etwa: »Singet Jahwe ein neues Lied!« Ferner ist höchst auffallend, dass hier nicht etwas über Gott gesagt wird – Jahwe in 3. Person –, sondern dass Gott hier angeredet wird – Jahwe in 2. Person. Die Anrede Gottes begegnet in den Psalmen vornehmlich im Klagelied und im Danklied. So verwundert es nicht, dass Ps 8 gelegentlich als Danklied interpretiert worden ist[2]. Ich kann dem nicht folgen, und es hat sich auch nicht durchgesetzt. Aber: Ps 8 ist ein Hymnus besonderer Art. Darauf hat F. Crüsemann hingewiesen. Er hat folgende Gattungsbestimmung formuliert: »Der Jahwe-anredende Hymnus eines Einzelnen – eine Grundform des Hymnus in Israel«[3] und kommt schließlich zu der Feststellung, »dass nur ein einziger Hymnus im ganzen Alten Testament, nämlich Ps 8, völlig von der Anrede an Jahwe geformt ist«[4]. Dieser Psalm bekommt auf diese Weise mehr als alle anderen Hymnen den Charakter des Gebetes. Man könnte ihn als »anbetenden Hymnus« bezeichnen. Ute Neumann-Gorsolke hat gegen die Definition des Psalms als »Schöpfungshymnus« eingewandt, dass hier nicht das Wirken des Schöpfers thematisiert wird, sondern dass die Schöpfung als vollendetes Werk Gottes im Zentrum steht. Sie versteht den Psalm deshalb als »*Schöpfer*hymnus«[5]. Ähnlich hatte es bereits H.-J. Kraus ausgedrückt:

»So handelt also Ps 8 nicht etwa von der Herrlichkeit der Schöpfung, sondern von der Herrlichkeit des Herrschers Israels, der der Herr alles Geschaffenen ist«[6].

Das ist zweifellos richtig und unbestreitbar, trotzdem sollte es auch für Ps 8 bei der üblichen Klassifizierung als Schöpfungshymnus bleiben können.

2   So z.B. Henning Graf Reventlow, Der Psalm 8, Poetica 1 (1967), 304–332.
3   F. Crüsemann, Studien zur Formgeschichte von Hymnus und Danklied in Israel (WMANT 32), 1969, 285.
4   Ebd., 288.
5   Ute Neumann-Gorsolke, Herrschen in den Grenzen der Schöpfung (WMANT 101), 2004, 43.
6   H.-J.Kraus, Psalmen (BK XV/1), [5]1978, 206.

Eine weitere Besonderheit sei beachtet. Es ist durchaus
untypisch, dass der Psalm nach der Anrede mit einer rhe-
torischen Frage einsetzt: »Jahwe, unser Herrscher, wie
herrlich ist dein Name auf der ganzen Erde«. Die rhetorische Frage steht aber nicht nur am Anfang, sie wird im
gleichlautenden Hymnenschluss wieder aufgenommen
und sie bestimmt auch den für den Psalm entscheidenden
V.5: »Was ist der Mensch«. Auf diesen Vers laufen V. 3
und 4 zu, während V. 6–9 in der Gegenbewegung von V. 5
herkommen. Die rhetorische Frage, die auf diese Weise für
den Psalm charakteristisch und prägend ist, hat hier den
Charakter des Bewunderungsrufes.
Nur kurz sei hingewiesen auf den Wechsel der Stimmen,
der diesem Psalm sein besonderes Gepräge gibt. Im An-
fangs- und im Schlussvers kommt eine Mehrzahl zu Wort,
wie es für den Hymnus ganz allgemein die Regel ist, im
Mittelteil aber redet eine Einzelstimme: »Ja, ich darf deinen Himmel sehen«. Dieses in V. 4 genannte »ich« darf
natürlich nicht auf ein bestimmtes Individuum gedeutet
werden. Der auffallende Stimmenwechsel vom wir zum
ich und wieder zum wir könnte auf einen kultisch gepräg-
ten Wechselgesang hindeuten. Den Auftakt und den Abschluss bilden ein Chorgesang. Er rahmt die Einzelstimme,
die das Mittelstück des Psalm ausmacht.
Der Psalm beginnt mit dem Wort יהוה, mit dem Namen des
Gottes Israels, und er macht damit von Anfang an klar, um
was und um wen es geht. Daneben steht als Apposition das
Wort »unser Herrscher«. Die Etymologie und die Grund-
bedeutung des hebräischen Wortes אדן sind nicht mehr sicher festzustellen. Recht gut zu definieren aber ist die spe-
zifische Verwendungsweise dieses Wortes im Alten Testament. Durch אדן wird innerhalb der sozialen Ordnung
ein bestimmtes Verhältnis ausgedrückt. Man erkennt die
Besonderheit dieses Wortes wohl am besten, wenn man es
mit einem anderen hebräischen Wort vergleicht, das eben-
falls mit »Herr« übersetzt wird, mit dem Wort בעל. Während בעל vom »Herrn« im Sinne des Eigentümers und
Besitzers redet, meint אדן den »Herrn« als Gebieter. Der
personale Bezug ist bei אדן sehr viel stärker als bei dem
mehr sachbezogenen בעל. So ist אדן im Alten Testament
eine charakteristische Bezeichnung und Anrede des Königs

(1Kön 1,11 u. o.). Wenn Ps 8 zum einleitenden Jahwenamen die Apposition »unser Herrscher« setzt, so ist damit
bereits etwas Wichtiges angedeutet. Jahwe begegnet der
Welt nicht sachbezogen, sondern personal. Jahwe begegnet
der Welt primär als »Herrscher«, d.h. als Herr über Menschen.
Die dann folgende rhetorische Frage erwächst aus dem
überwältigten Staunen darüber, dass der, den die Sänger
des Psalms »unseren Herrscher« nennen, der Herr der
ganzen Welt ist: »Wie herrlich ist dein Name auf der ganzen Erde«. Was bedeutet es, dass von der Herrlichkeit des
Namens Jahwes hier so betont die Rede ist?
In Shakespeares »Romeo und Julia« sagt Julia bei ihrem
Versuch, den Namen des Geliebten von seiner Erscheinung und seinem Wesen abzulösen: »Was ist ein Name?
Was uns Rose heißt, wie es auch hieße, würde lieblich
duften.« Und Goethe lässt Faust bezeichnenderweise in
seinem pantheistischen Gottesbekenntnis die berühmten
Worte sagen. »Name ist Schall und Rauch, umnebelnd
Himmelsglut.« Solche Sätze wären im Alten Orient – und
dazu gehört Israel und das Alte Testament – undenkbar.
Der Name ist hier gerade nicht Schall und Rauch. Im Namen steckt etwas vom Wesen einer Sache, ja man kann sogar sagen, *das* Wesen der Sache hängt am Namen. Aus unserem Kulturbereich könnte man etwa an das Märchen
vom Rumpelstilzchen denken, um sich die Bedeutung des
Namens klar zu machen. Mit dem Namen habe ich die Sache, der Name kann für die Sache stehen. Das ist auch
beim Namen Jahwes so. Man kann vom Namen Jahwes
dasselbe aussagen, wie von Jahwe selbst.
Man wird an dieser Stelle aber nicht nur von der Identität
Jahwes mit seinem Namen zu sprechen haben. Damit wäre die Bedeutung dieses so wichtigen alttestamentlichen
Theologumenons noch nicht voll erfasst. Hier kann die
wichtige Stelle Ex 3,13f. weiterhelfen mit ihrer ›Definition‹
des Jahwenamens. Es heißt dort:

»Mose sprach zu Gott: Siehe, wenn ich zu den Israeliten komme
und spreche zu ihnen: Der Gott eurer Väter hat mich zu euch gesandt!, und sie mir sagen werden: Wie ist sein Name?, was soll
ich ihnen sagen? Gott sprach zu Mose: Ich werde sein, der ich

sein werde. Und sprach: So sollst du zu den Israeliten sagen: ›Ich werde sein‹, der hat mich zu euch gesandt« (Übersetzung Lutherbibel 1984).

Ohne auf diesen so wichtigen Text und die sachgemäße Übersetzung des hebräischen Verbums היה jetzt näher einzugehen, sei so viel gesagt. Eine Definition, die das Wesen Jahwes durch seinen Namen festlegte, handelt es sich nicht. Die Unbestimmtheit und letzte Unangreifbarkeit, die sich einer exakten philologischen Deutung dieses Namens grundsätzlich widersetzt, verhindert es, das »Ich werde sein, der ich sein werde« als Definition des Namens Jahwe in strengem Sinn zu verstehen. Nicht zuletzt aber ist der historische und theologische Ort der Aussage von Ex 3 wichtig. An dieser Stelle geschieht nicht weniger als die Verklammerung der Vätergeschichte mit der Geschichte des Volkes Israel. Die Geschichte Israels beginnt mit der Offenbarung des Jahwenamens. Dadurch, dass Jahwe seinem Volk seinen Namen genannt hat, hat er sich an dieses Volk gebunden, ja noch schärfer sei es gesagt, dadurch hat er sich diesem Volk ausgeliefert.

Israel ist der Jahwename anvertraut worden, und Israel hat den Namen Jahwes bewahrt und heilig gehalten bis dahin, dass es den Namen nicht mehr auszusprechen wagte. Aber das liegt bereits außerhalb der Grenzen des Alten Testaments. Der Gottesdienst ist der Ort, an dem Israel den Namen seines Gottes feierte. Der zentrale Kultort, Jerusalem, ist – um es deuteronomisch zu formulieren – der Ort, den Jahwe erwählen wird, um seinen Namen dort wohnen zu lassen.

Dies alles muss man sich vor Augen halten, um den unerhört revolutionären Klang dieses Psalmverses zu vernehmen. Hier wird der Name Jahwes nicht im Zusammenhang mit dem erwählten Volk Israel genannt, sondern er wird mit der Welt in Verbindung gebracht. Der Name ist herrlich auf der ganzen Erde, die Herrlichkeit Jahwes ist auf den Himmel gelegt. Von einer partikularistischen Enge, die man dem Alten Testament oft vorwirft, ist hier nichts zu verspüren. Und das wird nicht von einem revolutionären Denker ausgesprochen, der seiner Zeit weit voraus ist, nein diese Aussage gehört hinein in den Gottesdienst Israels.

Mit V. 3 beginnt der Hauptteil des Psalms. Dieser Vers
gehört zu den seltsamsten des Psalters, ja des ganzen Alten
Testaments. Es gibt für diesen Vers viele Deutungen und
eine umfangreiche Spezialliteratur. Es gibt allerdings auch
Exegeten, die machen es sich leicht, indem sie dem be-
rühmt-berüchtigten König Herodes nacheifern und die
Kinder und Säuglinge kurzerhand umbringen, d.h. den
Vers streichen. Die meisten Exegeten aber lassen sie im-
merhin am Leben, aber was sie bedeuten und wie das Bollwerk aussieht, das aus dem Mund der Kinder und Säuglinge errichtet wird, das bleibt schwer verständlich. Wenn
man die Aussage nicht durch Eingriffe in den Text völlig
verändert hat, hat man den Vers meist so verstanden, dass
man hier den allgemeinen und ja auch durchaus biblischen
Gedanken ausgesprochen findet, dass Gott gerade durch
kleine und unscheinbare Mittel seine Taten tut, um so seine Kraft und Herrlichkeit zu offenbaren. Man weist dabei
gern auf Beispiele aus der biblischen Überlieferung hin. So
erwähnt Gunkel 1Sam 17, die Geschichte von David und
Goliat – der schwache Knabe fällt den starken Krieger –,
und 1Sam 3 – der Knabe Samuel empfängt die Gottesof-
fenbarung und legt sein Zeugnis ab gegen die mächtigen
Söhne des Eli.
Derartige Erzählungen – sie ließen sich beträchtlich ver-
mehren – bilden nach Gunkel den Hintergrund dieser
Psalmenaussage. A. Weiser betont in seinem Kommentar
stärker das Moment der naiven unreflektierten Kindlich-
keit und verweist im Zusammenhang von Ps 8,3 auf das
Lied »Weißt du, wie viel Sternlein stehen?«. In kaum einer
Auslegung fehlt der Hinweis auf 1Kor 1,27:

»Was töricht ist vor der Welt, das hat Gott erwählt, damit er
die Weisen zuschanden mache; und was schwach ist vor der
Welt, das hat Gott erwählt, damit er zuschanden mache, was
stark ist«.

Nun ist es keine Frage, dass die in 1Kor 1,27 ausgespro-
chene Erkenntnis eine gesamtbiblische ist. Sie wird im
Neuen Testament wie im Alten Testament vertreten. Wie
könnte die Erwählung Israels selbst auch anders verstanden werden als, dass Gott eben nicht das Bedeutende und

Starke, sondern gerade das Unbedeutende und Schwache erwählt. Man denke nur an Dtn 7,7f.:

»Nicht hat euch der HERR angenommen und euch erwählt, weil ihr größer wäret als alle Völker – denn du bist das kleinste unter allen Völkern – sondern weil er euch geliebt hat«.

Aber es ist doch höchst fraglich, ob dieser Gedanke wirklich auch in Ps 8,3 Ausdruck findet. Vor Jahren hat J.J. Stamm eine andere, höchst beachtliche Interpretation des schwierigen Verses vorgeschlagen[7]. Danach sind die Kinder und Säuglinge nicht »Kinder« im Sinn einer Chiffre für Unmündigkeit und Schwäche, auch wird nicht auf kindliche Natur und kindliches Wesen angespielt, sondern es sind die Kinder des Volkes Israel. Und die Feinde sind nicht einfach feindliche Gewalten oder gar, wie auch gedeutet worden ist, mythische Mächte, sondern es sind die konkreten Feinde des Volkes Israel. Wie aber können die Kinder diesen Feinden »ein Ende machen« oder, wie man auch deuten kann, »die Feinde wirkungslos machen«? Durch nichts anderes als durch ihre Existenz! Weil es in Israel Kinder gibt, von Generation zu Generation, und damit der Segen Jahwes verbürgt ist, deshalb werden die Vernichtungspläne der Feinde vereitelt. Aber nun ist zu beachten, dass in V. 3 nicht einfach von Kindern gesprochen wird, sondern vom »*Mund* von Kindern und Säuglingen«. Auch dafür gibt Stamm eine überlegenswerte Erklärung. Durch seinen Mund, d.h. durch sein Geschrei erweist das Kleinkind seine Lebensfähigkeit. Es lässt sich z.B. als eine altgermanische Rechtssitte nachweisen, dass von der Kräftigkeit des Säuglingsgeschreis auf die Kräftigkeit des Kindes geschlossen wurde. In den »Deutschen Rechtsalterthümern« von Jakob Grimm findet sich der Satz: »Die Lebens- und Erbfähigkeit des neugeborenen Kindes wird danach beurteilt, dass man es die vier Wände beschreien hört«. Ähnliche Vorstellungen wären auch für den israeli-

---

7   J.J. Stamm, Eine Bemerkung zum Anfang des achten Psalms: ThZ 13 (1957), 470–478; vgl. auch W. Rudolph, »Aus dem Munde der Kinder und Säuglinge«. FS W. Zimmerli, 1977, 388–396 und F. Crüsemann, Die Macht der kleinen Kinder. Ein Versuch, Psalm 8, 2b.3 zu verstehen. FS H.W. Wolff, 1992, 48–60.

tischen Raum denkbar. Auf diese Weise kann das Schreien
der Kinder und Säuglinge zum Bollwerk gegen die Feinde
werden, die den Untergang Israels herbeisehnen.
Es sei zugestanden, dass diese Deutung des V. 3 durchaus
sonderlich klingt, aber sie scheint dem Text trotzdem besser gerecht zu werden, als die zahlreichen anderen bisher
vorgelegten Erklärungsversuche. Zudem wird auf diese
Weise noch etwas anderes erreicht. Es hebt sich nämlich
dann der erste Abschnitt des Hauptteils vom zweiten (V.
4–9) ab. Der zweite Abschnitt redet vom Menschen allgemein, demgegenüber wäre das Thema des ersten Abschnitts der Mensch, sofern er zum Gottesvolk Israel gehört. Wir hätten dann auch hier, wie so oft bei den Hymnen, die beiden großen Themen Schöpfung und Geschichte
beieinander. Auf die Einführung bezogen, würde V. 3 die
ersten beiden Wörter aufnehmen, während V. 4–9 an die
staunenden Worte »wie herrlich ist dein Name auf der
ganzen Erde« anschlössen.
Der zweite und wesentlich umfangreichere Abschnitt des
Hauptteils beginnt mit V. 4. Jetzt erhebt sich die Stimme
eines einzelnen Sängers. Er steht in ehrfürchtigem Staunen vor den Werken der Schöpfung Gottes oder wie er es
genauer sagt »dem Werk deiner Finger«. Dieser Ausdruck
ist nicht nur als Anthropomorphismus zu verstehen, auch
sollte man ihn nicht lediglich so ausdeuten, dass damit die
Größe Gottes unterstrichen wird – Gott braucht nur seine
Finger, um so Gewaltiges zu schaffen. Wenn vom Finger
Gottes die Rede ist – es ist im Alten Testament nicht häufig der Fall – dann soll damit ein direktes und unmittelba-
res Eingreifen und Handeln Gottes ausgesagt werden. So
heißt es z.B., dass der Finger Gottes die Gesetzestafeln geschrieben hat, Ex 31,18; Dtn 9,10. An unserer Stelle
könnte man noch einen besonderen Gedanken ausgedrückt
finden, geht es doch darum, dass die unermessliche Schöpfung als das Werk der Finger Gottes bezeichnet wird. Hier
ist die Anschaulichkeit der Rede im Grunde gesprengt, und
man mag fragen, ob sich in diesem Zusammenbringen der
Unermesslichkeit der Schöpfung mit dem Finger Gottes
nicht die Unangemessenheit und das Ungenügen aller *Vorstellungen* von Gott andeutet, sicher noch nicht reflektiert,
aber doch faktisch.

Der Sänger blickt zum Himmel empor, an dem die orien-
talische Nacht Mond und Sterne in ganz anderer Intensität
erstrahlen lässt, als wir es gewohnt sind. Mond und Sterne
werden in der Umwelt Israels als Götter verehrt und ge-
fürchtet. Hier werden sie aller eigenen Dignität entkleidet.
Sie sind Geschöpfe Jahwes, er hat ihnen ihren Platz ange-
wiesen. Das ist eine wichtige und nicht zu unterschätzende
alttestamentliche Aussage, die das Alte Testament auch an
anderer Stelle macht. Aber hier geht es nicht eigentlich um
sie. Hier steht sie sozusagen nur im Nebensatz. Im Haupt-
satz steht etwas anderes. Wozu führt den Sänger die Betrachtung des nächtlichen Sternenhimmels und damit die
Erkenntnis der Größe seines Gottes? Sie verleitet ihn nicht
zu romantischem Verweilen, lässt ihn nicht zum Naturly-
riker werden. Auch sehen wir ihn nicht vor der Größe des
Erschauten verstummen. Wenn es ihm aber doch sozusagen den Atem verschlägt – und das ist der Fall, denn V. 4
endet in einem Anakoluth, er findet keine syntaktisch kor-
rekte Fortsetzung – so rührt das her von dem Staunen und
der Verwunderung über die Diskrepanz der Dimensionen,
der er sich konfrontiert sieht. Da ist auf der einen Seite die
Unermesslichkeit der Schöpfung, und da ist andererseits
der kleine Mensch, ein Nichts angesichts der Größe des
Kosmos. Unter der Größe und Erhabenheit des Sternenhimmels erkennt der Sänger, wie unbegreiflich und uner-
wartet es ist, dass Jahwe sich dem Menschen trotz all seiner Bedeutungslosigkeit zuwendet. Das belegen auch die
beiden hier verwendeten Wörter: אנוש und בן אדם. Das erst-
genannte Wort kommt im Alten Testament fast nur in
dichterischer Sprache vor, vornehmlich im Buch Hiob und
im Psalter. Dass bei seiner Verwendung die Hinfälligkeit
des Menschen besonders in den Blick kommt, ist möglich
und würde hier Sinn machen. Der zweite Begriff ist eine
Bezeichnung für den einzelnen Menschen.
Zum Menschen, so sagt V. 5, ist Jahwe in einen besonderen Lebensbezug getreten, der weit über das hinausgeht,
was von der Schöpfung allgemein zu sagen ist. Es heißt,
dass Jahwe des Menschen gedenkt (זכר), und dass er sich
seiner annimmt (פקד). Die erste Aussage könnte in dem
Sinn missverstanden werden, als ob es nur um ein gedank-
liches Sicherinnern, nur um einen intellektuellen Vorgang

ginge. Aber »gedenken« heißt im Alten Testament sehr
viel mehr. Es handelt sich immer um ein wirkungsmäch-
tiges Gedenken, ein Gedenken, das ein Geschehen auslöst,
das in Tatbestände eingreift und sie verändert[8]. Wenn Gott
gedenkt, geschieht damit etwas. Der Inhalt des göttlichen
Gedenkens zielt auf die Gewährung von Heil und Segen,
an unserer Stelle auf den speziell dem Menschen erteilten
Schöpfungssegen. Ähnliches gilt an unserer Stelle von dem
im parallelen Glied gebrauchten Verbum פקד[9]. Der Mensch
steht in einer besonderen Gottesnähe, das stellt der Hymnus mit fast ungläubigem Staunen in V. 5 fest.
Als Kontrast sei an dieser Stelle ein moderner Denker zitiert. Der Mathematiker Pascal (1623–1662) hat den Menschen, indem er seine größenmäßigen Abmessungen in
den Blick nimmt, in einem Zwischenbereich zwischen dem
ganz Großen und dem ganz Kleinen eingeordnet: »Ein
Nichts im Blick auf das Unendliche, ein All im Blick auf
das Nichts, eine Mitte zwischen dem Nichts und dem
All«[10]. Der Psalm sieht es anders. Er weist dem Menschen
seinen Ort nicht in einem »Zwischen« an. Er stellt ihn
ganz entschieden an die Seite des Großen. Er stellt ihn an
die Seite Gottes, und er tut das gerade angesichts der un-
ermesslichen Größe der Schöpfung.
In V. 6–9 wird dann ausgeführt, wie sich die aus dieser
Gottesnähe des Menschen ergebende Sonderstellung innerhalb der Schöpfung konkret zeigt. Am Anfang steht in
V. 6 der geheimnisvolle Satz: »Du hast ihn wenig geringer
gemacht als Gott«. Wir kommen mit dieser Aussage, die in
Gen 1,27 die nächstverwandte Parallele hat, in den Bereich
der Rede von der Gottesebenbildlichkeit des Menschen, die
das theologische Denken immer auf das Stärkste beschäf-
tigt hat. Kaum ein anderer Satz des Alten Testaments hat
das theologische Denken aller Zeiten so beharrlich gefes-
selt wie dieser. Eine schier unübersehbare Literaturflut

---

8   Vgl. W. Schottroff, »Gedenken« im Alten Orient und im Alten
Testament (WMANT 15), 1964.
9   Vgl. G. Andre, Artikel פקד, ThWAT VI (1989), 708–723.
10   Zitiert nach W. Zimmerli, Was ist der Mensch?, in: ders., Studien zur alttestamentlichen Theologie und Prophetie, Gesammelte
Aufsätze II (TB 51), 1974, 313.

legt davon Zeugnis ab. Das kann und braucht an dieser
Stelle nicht näher ausgeführt zu werden, zumal festzustellen ist, dass eine erhebliche Diskrepanz besteht zwischen dem Gewicht, das diese Vorstellung im Alten Testament hat – es ist erstaunlich gering, nur in Gen 1 und Ps
8 ist von ihr direkt die Rede – und der Bedeutung, die sie
für das reflektierende theologische Nachdenken bekom-
men hat. Hier sind offensichtlich andere, biblisch direkt
nicht zu begründende Motivationen am Werk.

Hier sei nur kurz darauf hingewiesen, dass die Vorstellung
von der Gottesebenbildlichkeit des Menschen traditionsge-
schichtlich in der altorientalischen Königsideologie wur-
zelt. Das lässt auch unser Text noch durchscheinen. Wenn
es heißt, dass der Mensch zum Herrscher eingesetzt worden ist (משל), so ist das ebenso deutlich ein Hinweis darauf
wie der Satz, dass er mit Ehre und Herrlichkeit gekrönt
wurde (עטר), und schließlich die Aussage, dass alles unter
seine Füße gelegt wurde. Auch die beiden Nomina Ehre
(כבוד) und Herrlichkeit (הדר) sind in diesem Zusammenhang zu nennen. Sie sind im Alten Testament und im Alten Orient Attribute des Königs wie Gottes selbst.

Hier wird also eine Terminologie verwendet, die sonst für
den König gebraucht wird. Aber all diese Aussagen gelten
in Ps 8 nicht dem König, sondern dem Menschen, dem
Menschen ganz allgemein. Ihm wird eine königliche Stellung und Bedeutung zuerkannt. Wie ist das Königtum des
Menschen des Näheren zu beschreiben, worin besteht es?
Man hat auf die unterschiedlichste Weise versucht, darauf
Antworten zu geben. An Ps 8 kann man sich dabei aber
kaum orientieren. Er – auch in dieser Hinsicht mit Gen 1
vergleichbar – hält sich dabei nicht auf, er redet sogleich
von dem Auftrag, der dem Menschen gegeben worden ist.

»Der Text redet weniger davon, worin die Gottesebenbildlichkeit
besteht, als wozu sie gegeben ist. Von der Gabe selbst ist weniger
die Rede als von der Aufgabe.«

Diese Sätze G. v. Rads, die aus seiner Auslegung von Gen
1,26–28 stammen[11], haben auch für Ps 8 volle Gültigkeit.

11   G. v. Rad, Das erste Buch Mose. Genesis (ATD 2–4), [9]1972, 39.

V. 7 umreißt die dem Menschen übertragene Aufgabe in
einem umfassenden Satz, V. 8–9 erläutern diesen Satz da-
hingehend, dass es bei der Herrschaft über Gottes Welt um
die Herrschaft über die Tierwelt geht. Diese wird in Ps 8 in
ihrer Gesamtheit angesprochen. Das in V. 7 genannte
Wort »alles« deutet es bereits an, es wird in V. 8–9 des
Näheren ausgeführt, indem die Tiere zunächst nach ihrer
Gattung differenziert werden – Haustiere, wilde Tiere
(wörtlich »Tiere des Feldes«, also wilde Landtiere) – und
dann bestimmten Lebensräumen zugeordnet werden –
Vögel des Himmels, Fische des Meeres, Die Art der Auf-
reihung lässt an weisheitliche Traditionen der sog. »Lis-
tenweisheit« denken[12]. Auf jeden Fall geht es um die Tierwelt in ihrer Totalität.
Wenn hier der dem Menschen erteilte Herrschaftsauftrag
als Herrschaft über die Tiere verstanden wird, so mag das
in unseren Ohren ernüchternd, ja vielleicht sogar etwas
kleinkariert klingen. Wo ist da eine besondere Größe und
Erhabenheit des Menschen zu erkennen? So nimmt es
nicht wunder, dass gelegentlich versucht wurde, die emp-
fundene Schwierigkeit zu umgehen, etwa so, dass man hier
einen ironischen Ton konstatierte. Vom Charakter des
Hymnus aus dürfte sich eine derartige Lösung mit Sicherheit verbieten. Das gilt auch für mancherlei andere Versu-
che, sich den Text gefügig zu machen. Er sollte so stehen
bleiben. wie er dasteht. Wir werden dabei aber zu bedenken haben, dass der Kampf des Menschen gegen das Tier in
seiner unterschiedlichen Art Hunderte von Jahrtausenden
der Menschheitsgeschichte bestimmt hat. Das war ein
Kampf, dessen Ausgang nicht von vornherein so sicher
aussah, wie es heute erscheint. Wenn man die Menschheitsgeschichte als ganze ins Auge fasst und nicht nur die
letzten drei- oder viertausend Jahre, dann ist die Beherr-
schung der Tierwelt ein entscheidendes, wenn nicht das
entscheidende Begebnis dieser Geschichte.
Eine wichtige Feststellung sei hier nicht unterlassen. Es ist
bemerkenswert und wichtig, dass die Herrschaft, die der
Mensch in der Stellvertretung Gottes in der Welt ausübt,

---

12   Vgl. W.H. Schmidt, Gott und Mensch in Ps. 8, in: ders., Vielfalt und Einheit alttestamentlichen Glaubens, Band 2, 1975, 27.

nicht beschrieben wird als Herrschaft über andere Menschen. Bei aller Betonung der Macht und Herrlichkeit des Menschen wird hier doch in keiner Weise ein Herrenmenschentum vertreten. Herr und Gebieter des Menschen ist nicht der Mensch, sondern bleibt Gott.

Das ist in Ps 8 aber nicht nur aus einem *argumentum e silentio* zu erheben, sondern das bildet die Grundaussage dieses Psalms. Darauf weist auch sein Abschluss. Es ist ja nicht nur eine Folge eines hymnischen Stilgesetzes, dass der Psalm in V. 10 wieder seinen Anfang aufnimmt und nach allem, was über den Menschen gesagt ist, wieder ganz bei Jahwe endet. Die Mehrzahl der alttestamentlichen Hymnen kennt eine derartige Wiederaufnahme der Einführung nicht. Die Rückkehr zum Preis Jahwes entspricht der ganzen Gedankenführung des Psalms. Das hatte er an keiner Stelle vergessen lassen, dass er nicht ein Hymnus auf den Menschen, sondern ein Hymnus auf Jahwe ist, der den Menschen zum Menschen gemacht hat.

Hier, wo von der Sonderstellung des Menschen innerhalb der Schöpfung die Rede ist, erwächst nun heute eine massive Kritik an Ps 8 bzw., weil das ja der sehr viel bekanntere und in dieser Hinsicht auch eindeutigere Text ist, an Gen 1, vor allem an dem in Gen 1 formulierten sog. Herrschaftsauftrag des Menschen über die Schöpfung. Ist dieser Herrschaftsauftrag nicht der entscheidende Grund für die heutige Misere, ist der so angesprochene Mensch nicht genau der, der sich in arroganter Weise der Natur überlegen fühlt, der sie ausbeutet und zerstört und das dann auch noch in göttlichem Auftrag tut? So lauten die Vorwürfe, die heute allenthalben laut werden und die den Alttestamentler zweifellos auf den Plan rufen[13]. Nun hat die Diskussion darüber nicht so sehr im Anschluss an Ps 8 als bei einer Exegese von Gen 1 zu erfolgen[14]. Ps 8 ist hier sach-

---

13   Die Literaturflut zu dieser Thematik ist immens. Deshalb sei hier auf Literaturangaben zu dieser Thematik verzichtet.

14   Dazu sei auf einige Überlegungen hingewiesen aus meinem Aufsatz »Du sollst dem Ochsen das Maul nicht verbinden«. Überlegungen zur Wertung der Natur im Alten Testament, in: H.J. Boecker, »Gott gedachte es gut zu machen«. Theologische Überlegungen zum Alten Testament (BThS 54), 2003, bes. 77ff. und 88ff.

lich der sekundäre Text. Im Blick auf Ps 8 sei nur so viel
gesagt, was exegetisch eben vor allem durch Gen 1 zu er-
härten wäre: Die dem Menschen übertragene Herrschaft
ist keine Willkürherrschaft, es ist eine Herrschaft, die
Gott, dem Schöpfer, verantwortlich bleibt, um den es ja
letztlich in diesem Psalm geht. Das in Verbindung mit Ps 8
oft zitierte Wort aus dem Chorlied der Antigone des Sophokles: »Viel Gewaltiges lebt, doch nichts ist gewaltiger
als der Mensch« ist keine griechische Parallele zu dem, was
Ps 8 über den Menschen sagt. Bei Sophokles bleibt der
Mensch ganz bei sich selbst, und es ist gewiss nicht zufällig, dass der Weg des so gesehenen Menschen in die Tra-
gödie führt. Demgegenüber sieht Ps 8 den Menschen, von
dem er kaum zu Überbietendes zu sagen weiß, doch immer
als Geschöpf Gottes, dem er sich verdankt und dem er da-
her auch verantwortlich bleibt.

Im Neuen Testament ist Ps 8 messianisch verstanden worden. In Hebr 2,5–9 werden wichtige Teile des Psalms zitiert. Dabei wird der »Menschensohn« (בן אדם) von V. 5
auf Christus bezogen. Er ist eine kleine Zeit, wie der Heb-
räerbrief schreibt, unter die Engel erniedrigt und ist dann
von Gott zum Herrscher über alles eingesetzt worden.
Auch bei Paulus findet sich an wichtiger Stelle die messianische Deutung des Psalms. Sie wurde offenbar im Ur-
christentum allgemein vertreten. In 1Kor 15,27 zitiert
Paulus Ps 8,7. »Alles« ist Jesus Christus unter die Füße
gelegt. »Alles«, das deutet Paulus an dieser Stelle auf den
Tod, den letzten Feind.

Dieses neutestamentliche Verständnis entspricht nicht
dem, was der alttestamentliche Psalm aussagt. Es wäre
nicht redlich und würde dem 8. Psalm sein Recht im biblischen Kanon nicht lassen, wenn man ihn sogleich im neu-
testamentlichen Sinn lesen würde. Andererseits eröffnet
dieses messianische Verständnis ganz neue Perspektiven
des Verstehens. Es wird damit ausgesagt, dass Jesus Christus *der* Mensch im Vollsinn ist, bei dem sich das erfüllt
hat, was Gott mit dem Menschen vorhatte.

5

Psalm 19

1   *Für den Chorleiter – Ein Psalm Davids.*

2   Die Himmel erzählen die Herrlichkeit Gottes,
   und das Firmament verkündet das Werk seiner Hände.
3   Ein Tag sprudelt dem anderen Kunde zu,
   und eine Nacht verkündet der anderen Wissen.
4   Ohne Rede und ohne Worte,
   nicht hört man ihre Stimme.
5   Über die ganze Erde ergeht ihr Maß,
   ihre Worte an die Enden des Erdkreises.

   Dem Sonnenball gab er ein Zelt unter ihnen.
6   Er ist wie ein Bräutigam, der heraustritt aus seiner Kammer,
   er frohlockt, zu laufen den Pfad.
7   Vom Ende der Himmel ist sein Ausgang,
   und sein Wendepunkt reicht 'bis' an ihr Ende,
   und nichts ist vor seiner Glut verborgen.

8   Die Weisung Jahwes ist vollkommen, sie gibt Lebenskraft zurück.
   Das Zeugnis Jahwes ist verlässlich, es macht weise den Einfältigen.
9   Die Anordnungen Jahwes sind richtig, sie erfreuen das Herz.
   Das Gebot Jahwes ist lauter, es erleuchtet die Augen.
10   Die Furcht Jahwes ist rein, sie hat Bestand für alle Zeit.
   Die Rechtsurteile Jahwes sind wahr, sie sind gerecht allesamt.
11   Sie sind köstlicher als Gold und viel Feingold.
   Sie sind süßer als Honig und Honigseim.

12   Auch lässt sich dein Knecht durch sie warnen,
   wer sie bewahrt, hat reichen Lohn.

13   Verfehlungen – wer kann sie bemerken?
     Von den verborgenen sprich mich frei.
14   Auch vor Hochmütigen bewahre deinen Knecht, dass sie
     nicht über mich Herr werden.
     Dann werde ich ohne Makel sein und freigesprochen von
     großer Schuld.
15   Es mögen Wohlgefallen finden die Worte meines Mundes
     und das Sinnen meines Herzens vor dir,
     Jahwe, mein Fels und mein Erlöser.

Zwei kurze Bemerkungen zur Textkritik: Sehr beliebt und
weit verbreitet ist eine Änderung des MT in V. 5, die bereits in der LXX eine Stütze findet. Statt קום (»ihr Maß«
oder »ihre Messschnur«) wird קלם (»ihre Stimme« oder
»ihr Schall«) gelesen. Das ist graphisch durchaus ähnlich,
und damit würde der Text zweifellos leichter verständlich,
aber das spricht eben auch gegen die Textänderung. Da
auch der MT nicht unverständlich ist, sollte der MT beibe-
halten werden[1]. – In V. 7 empfiehlt es sich, statt על besser
עד zu lesen. Graphisch liegt beides eng beieinander, auch
wird die geringfügige Textänderung bereits durch die LXX
gestützt.
Ein Grundproblem, vielleicht das Grundproblem der Auslegung von Ps 19 ist die Frage nach der Einheitlichkeit des
Psalms. F.-L. Hossfeld schreibt in seiner Auslegung in der
Echter Bibel: »Der erste Eindruck des Beters und Lesers,
dass Ps 19 aus zwei getrennten Teilen bestehe, wurde in
der Exegese schon bald zur festen und traditionellen Inter-
pretationsregel. Demnach trennt man den Psalm auf in die
Teile 19A[2–7] und 19B[8–15]«[2]. Dafür zwei Beispiele. B. Duhm
schreibt in seinem Kommentar: Ps 19B ist »ein selbstän-
diges Gedicht und [hat] weder in Form noch in Inhalt das
Geringste mit 19A zu tun«[3]. Bei H. Gunkel lesen wir in
seinem Kommentar über den zweiten Teil des Psalms:

»Es ist schwerlich ein Kunstwerk, was der Dichter so vollendet
hat, und sein Gedicht sticht gewaltig ab von dem kraftvollen al-

---

1   Vgl. zum Problem ausführlich A. Grund, »Die Himmel erzählen
die Herrlichkeit Gottes« (WMANT 103), 2004, 26–28.
2   F.-L. Hossfeld / E. Zenger, Die Psalmen I. Psalm 1–50, 1993, 128.
3   H. Gunkel, Die Psalmen (KHC), [2]1922, 82.

ten Naturhymnus, mit dem es die spätere Überlieferung fälschlich zu einem Psalm zusammengestellt hat ... Dennoch trifft der andächtige Ton unser Herz«[4].

Daneben seien zwei neuere Äußerungen gestellt. Zunächst H.-J. Kraus:

»Schon seit langer Zeit hat man erkannt, dass Ps 19 aus zwei verschiedenen Psalmen besteht. Teil A handelt vom hymnischen Lobpreis Jahwes in der Natur, Teil B von der Herrlichkeit der *tora*. Die Unterschiede zwischen den beiden Psalmteilen sind so auffallend, dass sie zunächst keiner näheren Erklärung bedürfen. Doch es wäre unsachgemäß, Ps 19A und 19B wie zwei völlig disparate Texte zu behandeln. Die Tradition hat die beiden Texte zusammengeschlossen. Damit ist die Aufgabe gestellt, im Anschluss an die Erklärung der beiden Stücke nach dem Grund und nach der Bedeutung der Zusammenstellung zu fragen«[5].

Zuletzt sei K. Seybold genannt:

»Das Kernproblem dieses vielzitierten Psalms besteht in der Frage nach der Einheitlichkeit. Die Annahme zweier nach Herkunft und Thematik zu unterscheidender Psalmteile A (Schöpfungshymnus) und B (Gesetzespsalm) ist in der Weise zu modifizieren, dass noch ein dritter Teil C in 12–15 hinzukommt. Dieser Teil, das Gebet eines einzelnen, bietet den Schlüssel zum Verständnis des komplexen Textes insofern, als Teil A und B als Zitate im Munde des Beters von 12ff. erscheinen (vgl. 15a)«[6].

Die Kommentarzitate deuten eine Entwicklung der Auslegung des Psalms an. Lange Zeit ging man von der festen Überzeugung aus, dass Ps 19 aus zwei selbständigen Psalmen besteht, die nichts miteinander zu tun haben.
Die Forschung ist jedoch weitergegangen, und es gibt heute Exegeten, die die *ursprüngliche* Einheitlichkeit des Psalms vertreten. Am eindeutigsten geschieht das in dem voluminösen Buch von A. Grund, »Die Himmel erzählen die Herrlichkeit Gottes« (2004). Das Buch umfasst 403 Seiten! Bei der Auslegung des Psalms muss die dargestellte

4   H. Gunkel, Die Psalmen, [5]1968, 79.
5   H.-J. Kraus, Psalmen. 1. Teilband, [5]1978, 298.
6   K. Seybold, Die Psalmen, 1996, 85.

Problematik vor Augen stehen. Als sicher aber kann davon ausgegangen werden, dass der vorliegende Psalm aus drei Teilen besteht, die doch recht unverbunden und unvermittelt nebeneinander stehen: V. 2–7: ein Schöpfungshymnus, V. 8–11: ein Torahymnus und V. 12–15: ein Bittgebet eines einzelnen, der sich als »dein Knecht« bezeichnet.

Ich nehme also zunächst den ersten Teil, V. 2–7, in den Blick. Wenn ich dabei, wie es weitgehend geschieht, von einem Hymnus rede, so ist sogleich auf die formale Besonderheit dieses Hymnus hinzuweisen. Sie ist darin gegeben, dass nicht zum Lobpreis Jahwes aufgefordert wird, wie es im Hymnus meist geschieht, sondern dass der Lobpreis beschrieben wird. V. 2 würde in der gewöhnlichen Form heißen: »Ihr Himmel, erzählt die Herrlichkeit Gottes«. Dafür steht hier eine Beschreibung, und zwar in der Form des Nominalsatzes: »Die Himmel erzählen die Herrlichkeit Gottes«. H. Gunkel hat in seiner »Einleitung in die Psalmen« die verhältnismäßig wenigen Beispiele dieser Form zusammengestellt[7]. Bis einschließlich V. 5a reicht dieser Teil des Hymnus.

Es schließt sich in V. 5b–7 ein Sonnenhymnus an. Unter den Werken der Hände Gottes ist die Sonne das gewaltigste. Das erklärt es, dass sie beispielhaft an dieser Stelle hervorgehoben wird. Die an dieser Stelle gern gewählte Übersetzung »Sonnenball« nimmt die maskuline Gestaltung des hebräischen Textes auf.

Vergleicht man den Psalmanfang mit dem von Ps 8, so wird der besondere Klang, der im ersten Psalmteil angeschlagen wird, sehr deutlich. »Jahwe, unser Herrscher« beginnt Ps 8, und damit wird sogleich das im Psalm beschriebene Schöpfungshandeln Gottes in Beziehung gesetzt zum Heilshandeln Jahwes. Das ist in Ps 19 anders. Das zeigt bereits die Tatsache, dass hier nicht von Jahwe geredet wird, sondern von אל (Gott). Es zeigt sich ferner in einem absoluten Fehlen jeglicher Bezugnahme auf die spezielle Offenbarung Jahwes und auf die Erwählung Israels. Hier ist allein und ausschließlich von Gottes Handeln in der Schöpfung die Rede.

---

7 H.Gunkel, Einleitung in die Psalmen, 1933, 39.

Am Anfang des Psalms steht nun die erstaunliche Aussage, dass die Himmel und das Firmament gleichsam als
lebendige Mächte Gottes Ehre und Herrlichkeit erzählen.
Das hebräische Wort, das hier mit Firmament übersetzt ist
– es ist vor allem aus Gen 1 bekannt – bezeichnet das Him-
melsgewölbe. Die zu Grunde liegende hebräische Wurzel
רקע bedeutet »stampfen«, »festtreten«, sie wird auch für
das Breithämmern von Metallen gebraucht. Das Firmament ist über der Erde festgefügt und hält das blaue Meer
des Himmelsozeans zurück. »Die Himmel« meint den
himmlischen Raum in seiner ganzen Weite.

V. 3 nimmt den Gedanken von V. 2 auf und führt ihn weiter. Das himmlische Kerygma, das von den Himmeln und
dem Firmament ausgeht, wird von Tag zu Tag und von
Nacht zu Nacht weitergegeben. Was soll damit anderes gesagt sein, als dass auf die Verlässlichkeit dieses Kerygmas
verwiesen wird? Es gibt eine lückenlose Traditionskette bis
zur Schöpfung hin, in der die Schöpfungskunde und das
Wissen von Gottes Herrlichkeit weitergegeben werden bis
auf diesen Tag.

Stehen wir damit vor einer alttestamentlichen Form »Na-
türlicher Theologie«? Wird hier nicht deutlich ausgesprochen, dass die Schöpfung, wir können auch sagen die Natur von Gottes Tun und seiner Herrlichkeit zeugt? In der
Tat: »Die Himmel erzählen die Herrlichkeit Gottes«. Aber
wie tun sie das? Sie tun es, wie V. 4 in einer paradoxen
Formulierung sagt »ohne Rede und ohne Worte«. Die Paradoxie besteht darin, dass ja doch gerade vorher von der
»Kunde« gesprochen worden ist, die von Tag zu Tag weitergegeben wird: Im Hebräischen steht an dieser Stelle das
gleiche Wort, das in V. 4 mit »Rede« übersetzt worden ist
(אמר). Man darf diese Paradoxie keinesfalls textkritisch
auflösen, wie das ältere Kommentare gern getan haben.
Hier ist gesagt: Die Himmel reden zwar, unablässig ergeht
das Kerygma des Firmaments, aber diese Stimmen sind
für den Menschen nicht vernehmbar, er kann sie nicht
hören.

Der Vers gehört gewiss zu den schwierigen und schwer
verständlichen Passagen des Psalms, so dass K. Seybold
fragen kann: »Ist 4 als sekundäres Interpretament zu deuten, als Versuch einer theologischen Definition der Offen-

barung in der Schöpfung?«[8] Ein »nachträgliches Interpretament« wohl kaum, »eine theologische Definition der Offenbarung in der Schöpfung« gewiss. V. 5 kehrt noch einmal zur Aussage von V. 2 und V. 3 zurück, so dass V. 4
gleichsam eingeschlossen ist von dem Thema des kosmi-
schen Kerygmas. Damit wird auch äußerlich die Bedeutung der Aussage von V. 4 zum Ausdruck gebracht.
Mit V. 5b beginnt ein neuer Abschnitt. Die Zäsur zwischen
V. 2–5a und V. 5b–7 sollte allerdings nicht zu stark betont
werden, wie es oft geschieht. Es gibt durchaus Verbindun-
gen zwischen den beiden Abschnitten, worauf neben anderen vor allem O.H. Steck hingewiesen hat[9]. Es ist zu beachten, dass bereits in V. 5b durch das Wort בהם (»unter
ihnen«), das sich auf die Himmel bezieht, der zweite Abschnitt des ersten Psalmteils mit dem ersten verbunden ist.
Auch der Abschluss ist in beiden Fällen vergleichbar und
damit aufeinander bezogen, indem hier wie dort die jewei-
lige weltumspannende Wirksamkeit zum Ausdruck gebracht wird.
Dennoch: Mit V. 5b beginnt ein neuer, in sich auch durchaus verständlicher Abschnitt mit einer speziellen Thematik.
Das zeigt auch die Syntax. Das Wort לשמש (»dem Sonnenball«) ist betont vorangestellt, womit klargestellt ist, dass
es jetzt um die Sonne geht, um ihren gewaltigen Umlauf
vom Aufgang bis zum Niedergang, um ihre Erhabenheit
und Herrlichkeit. Dass wir hier einen archaischen Text vor
uns haben, ist kaum zu bezweifeln. Die künstlerische, außerordentlich verdichtete Sprache macht die Übersetzung
des Textes nicht leicht, sie bleibt fast notwendig hinter der
kompakten Konzentration des Originals zurück. Die angesprochenen Vorstellungen und Gedanken sind aber klar.
Dass die Sonne in einem Zelt ihre Wohnung nimmt, ist
eine Vorstellung, die in altorientalischen Belegen vielfältig
bezeugt ist. Gern wird in diesem Zusammenhang hingewiesen auf ein Tonrelief aus Sippar[10]. Es zeigt den babylo-

---

8   K. Seybold, Die Psalmen, 1996, 86.
9   O.H. Steck, Bemerkungen zur thematischen Einheit von Psalm
19,2–7, 1980.
10   Am leichtesten zugänglich ist die Abbildung des Bildes in H.
Greßmann, Altorientalische Bilder zum Alten Testament, [2]1927, Nr.

nischen Sonnengott Schamasch in seinem Zelt, das über
den Fluten des Ozeans steht. Man sieht rechts den Gott
Schamasch auf einem Schemel sitzen. Das Zelt wird durch
eine Palmsäule gestützt, Rückwand und Dach werden
durch eine stilisierte Schlange gebildet. Vor Schamasch
steht ein Tisch, auf dem sich die Sonnenscheibe befindet.
Sie wird von zwei Göttern an Stricken zu Schamasch he-
rabgelassen. Soviel zum Zelt, das Gott für die Sonne im
Himmel bereitet hat, und damit ist nicht zuletzt auch dies
gesagt: Was in der Umwelt göttliche Qualität hat, ja Gott
selbst ist (Schamasch), das wird zu einer Kreatur des
Schöpfers herabgestuft dadurch, dass er der Sonne das Zelt
hergerichtet hat.
Am Morgen aber, so fährt der Psalm fort, kommt die Sonne aus ihrem Zelt hervor wie ein Bräutigam aus seiner
Kammer. Das ist ein kühner Vergleich, der den Glanz der
aufgehenden Sonne mit der strahlenden Erscheinung des
Neuvermählten vergleicht, der die Hochzeitskammer am
Morgen verlässt. Man möchte den Vergleich lieber umge-
kehrt gebraucht sehen: Der Bräutigam ist, wenn er nach
der Hochzeitsnacht aus seiner Kammer kommt, strahlend
wie die Sonne. Möglicherweise liegt hier aber mehr vor als
nur ein Vergleich, nämlich ein Rudiment mythologischer
Vorstellungen, die gerade zu diesem Vergleich veranlasst
haben. In der griechischen Mythologie ist das Gemeinte
am besten fassbar. Die Griechen erzählten es sich so, dass
Helios, der Sonnengott, allnächtlich auf dem Meeresstrom,
dem Okeanos, vom Westen nach Osten zurückkehrt und
dass er bei dieser Fahrt in den Armen seiner Geliebten, den
Meeresgöttinnen, ausruht. Ob dieser Mythos, von dem gewisse Spuren auch im Alten Orient belegbar sind, im Hintergrund steht, wenn hier von der Sonne als dem Bräutigam geredet wird, ist eine kühne, vielleicht allzu kühne
Vermutung.
Der Psalm preist sodann die nie ermüdende Kraft und
Ausdauer, mit der die Sonne Tag für Tag zu ihrem gewal-

322 oder in J. Pritchard, The Ancient Near East in Pictures Relating
to the Old Testament, ²1974, Nr. 529; vgl. auch A. Grund, »Die
Himmel erzählen die Herrlichkeit Gottes« (WMANT 103), 2004,
180.

tigen Umlauf aufbricht. Auch hier sind mancherlei my-
thologische Anspielungen aufgenommen, auf die hier aber
nicht weiter eingegangen werden soll. Nicht übersehen
werden darf der Abschluss dieses Psalmteils in V. 7b: »Und
nichts ist vor seiner Glut verborgen«. Das ist zunächst eine
Bezugnahme auf die babylonische Vorstellung, dass der
Sonnengott Schamasch der höchste Richter ist, der in alles
Einblick hat. Wenn in unserem Zusammenhang Ähnliches
von der Sonne gesagt wird, so darf nicht übersehen werden, dass das von der Sonne als dem Geschöpf des Schöp-
fergottes und damit letztlich von Gott selbst ausgesagt
wird. Er ist höchster und letzter Richter, vor dem nichts
verborgen ist.

So altertümlich der erste Teil von Ps 19 auch sein mag, so
stark seine Vorstellungen auch von der Umwelt mit geprägt sein mögen, es ist doch etwas grundsätzlich Anderes
als das, was aus dem Alten Orient sonst an unser Ohr
dringt. Dort wird Schamasch als Gott angerufen, er ist der
Schöpfer und Gebieter des Himmels und der Erde, hier ist
auch die Sonne eins der Werke der Hand Gottes, und Gott
ist es, der ihr ihren Platz zugewiesen hat. Das ist nichts anderes als eine Entmythologisierung altorientalischer Vorstellungen, die das Alte Testament hier vollzieht. Noch ra-
dikaler ist dieser Entmythologisierungsprozess in Gen 1,
14–18 durchgeführt, wo Sonne, Mond und Sterne, die die
Umwelt als die mächtigsten Götter fürchtet und verehrt,
zu מארת, zu Laternen degradiert werden, die ihre bestimmte Aufgabe in der Schöpfung Gottes zu erfüllen haben. Es
spricht alles dafür, dass in Gen 1 eine spätere Zeit redet,
die das, was auch in Ps 19 bereits angelegt ist noch stärker
durchreflektiert hat.

Mit dem Gesagten wird aber zugleich deutlich, dass die Bedeutung und Aussage unseres Psalms nicht nur in der Ab-
weisung der altorientalischen Mythologie zu sehen ist. Das
positive Wort über die Welt, das hier wie auch sonst im
Alten Testament gesagt ist, besteht darin, dass die Welt die
Schöpfung Gottes ist. Hier drückt sich also nicht einfach
Naturbeobachtung aus – so sehr auch Naturbeobachtung
zum Zuge kommt – hier wird vielmehr vom Glauben Israels her die Welt mit ihrer Schönheit gesehen und gepriesen.

Dass in Ps 19 vom Glauben Israels aus geredet wird, wird
dann noch auf besondere Weise unterstrichen und unüber-
hörbar gemacht. Es geht um die Fortsetzung, die der Psalm
in V. 8–11 und in V. 12–15 gefunden hat. Ab V. 8 ist direkt nicht mehr von der Schöpfung und den Schöpfungs-
werken Gottes die Rede, sondern von der »Weisung Jahwes«. תורת יהוה sind die ersten beiden Wörter des neuen
Psalmteils. Damit wird so etwas wie eine Überschrift über
das Folgende gesetzt.

Weil hier ein für Ps 19 entscheidender Begriff auftaucht, sei an
dieser Stelle exkursartig einiges zur Bedeutung und Übersetzung
von Tora gesagt. Dass es sich dabei nur um einen kurzen Blick
auf diesen für das Alte Testament so wichtigen Begriff – Tora
kommt im Alten Testament 220-mal vor – handeln kann, sei
ausdrücklich festgestellt. Zur näheren Information sei verwiesen
auf die entsprechenden Artikel im »Theologischen Handwörter-
buch zum Alten Testament«[11] und im »Theologischen Wörter-
buch zum Alten Testament«[12]. Das Wort gehört zum Bereich der
hebräischen Wurzel III ירה, die ursprünglich »zeigen« bedeutet.
Das Wort begegnet im Alten Testament im hif. in der Bedeutung
»unterweisen«, »lehren«, und so heißt תורה »Unterweisung« oder
»Weisung«.
Tora geschieht in verschiedensten Lebensbereichen. So erteilen
die Eltern den Kindern Tora, oder der Weise gibt sie seinen
Schülern weiter. »Höre, mein Sohn, auf die Zucht deines Vaters
und verwirf nicht die Weisung (Tora) deiner Mutter« heißt es
Spr 1,8. In der Sippenweisheit – und dazu gehört auch die El-
ternbelehrung – bezeichnet Tora den Ratschlag – den mit Auto-
rität und Gewicht erteilten Ratschlag, der gegeben wird, um mit
seiner Hilfe die täglichen Lebensentscheidungen zu treffen. Der
andere Lebensbereich, in dem die Toraerteilung eine wichtige
Rolle spielt, ist das kultische Leben. Hier ist es der Priester, der
die Tora weitergibt. Er tut es aufgrund des ihm überlieferten
priesterlichen Wissens. Es geht vor allem um Fragen der Kultfä-
higkeit, Fragen von Reinheit oder Unreinheit etwa, aber auch um
bestimmte Fragen ethischen Verhaltens. Man denke beispiels-
weise an Hag 2,11ff., wo eine bestimmte Frage an einem Beispiel
aus der Kultpraxis demonstriert wird. Der Textabschnitt ist mit
den Worten eingeleitet: »Bitte doch die Priester um eine Tora«.

11   THAT II (1976), 1032–1043.
12   ThWAT VIII (1995), 597–637.

In den beiden genannten Lebensbereichen ist Tora die mündlich
erteilte Weisung, die in konkreter Situation dazu hilft, die rich-
tige Entscheidung zu treffen.

An anderen Belegstellen – und dazu gehört auch Ps 19,8 – begegnen wir einem anderen Torabegriff. Das zeigt sich am deutlichsten darin, dass die Tora zur Schrift geworden ist. Aus der
mündlich erteilten Einzelweisung ist die schriftlich fixierte Ge-
samtweisung Jahwes geworden, wenn man das einmal so ausdrücken darf. Das ist ein Schritt, der für das Verständnis von Tora
natürlich große Konsequenzen mit sich bringt, ein Schritt, der
im Alten Testament entscheidend mit dem Deuteronomium vollzogen worden ist, aber das ist nicht ein Schritt, durch den der Be-
deutungsgehalt von Tora völlig auf den Kopf gestellt worden
wäre. Es wäre ja auch schlechterdings nicht einzusehen und unverständlich, warum man gerade dieses Wort gewählt hat, um
Jahwes Weisung auf den Begriff zu bringen, wenn man nicht
auch diese Weisung wesentlich in der Art der alten Tora verstanden hätte.

Und damit ist zugleich gesagt, dass die Übersetzung von תורה
durch das Wort »Gesetz« problematisch und missverständlich ist.
Praktisch alle älteren Kommentare übersetzen in Ps 19,8 תורה mit
»Gesetz«, und auch die gängigen deutschen Bibelübersetzungen
tun das, z.B. Lutherbibel, Elberfelder Bibel, Einheitsübersetzung,
Gute Nachricht, Zürcher Bibel in der Fassung von 1931. Inzwi-
schen aber hat sich ein neues Verständnis durchgesetzt. Die neueren Kommentare haben an dieser Stelle in der Regel das Wort
»Weisung«. Dem folgt die Zürcher Bibel in der Fassung von
2007.

Im Folgenden wird dann eine ganze Reihe von Wechsel-
oder Interpretationsbegriffen für das Leitwort Tora ein-
geführt. Damit begegnet eine Erscheinung, die vor allem
aus Ps 119 bekannt ist, die diesem Psalm sein Gepräge gibt.
Bei einem näheren Vergleich der Wechselworte für das
Grundwort Tora, die in Ps 119 und Ps 19 gebraucht sind,
ist festzustellen, dass hier wie dort dieselben Begriffe verwendet werden. Zwischen diesen beiden Psalmen bestehen
ganz offensichtlich Beziehungen, wie sie im Einzelnen zu
definieren sind, bleibe dahingestellt. In Ps 19 fehlt unter
den Wechselbegriffen einer, der in Ps 119 häufig vorkommt, nämlich אמרה (»Wort«). Man hat deshalb oft versucht, durch eine Textänderung in V. 10 dieses Wort in
den Psalm hineinzubringen. In v. 10a ist die Formulierung

יראת יהוה (»Furcht Jahwes«) in der Tat auffallend, ja fast
störend. Hier taucht unvermittelt ein *genitivus objektivus*
auf, in allen anderen Fällen handelt es sich um den *genitivus subjektivus*. So hat man an dieser Stelle gern אמרת יהוה
(»Wort Jahwes«) konjiziert. Das fügt sich in der Tat wesentlich besser in den Textzusammenhang ein, und zwar
so viel besser und so viel glatter, dass die Änderung von
textkritischen Gesichtspunkten aus bedenklich ist. Der
Grundsatz der *lectio difficilior* verlangt die Beibehaltung
der massoretischen Lesart, zumal sie von allen alten Übersetzungen gedeckt ist.
Mit immer neuen Aussagen wird die Tora, die Lebenswei-
sung Jahwes, gepriesen. Der Leitbegriff Tora und die folgenden Wechselbegriffe werden dazu mit bestimmten Prä-
dikationen und mit von ihnen ausgehenden Wirkungen
aufgelistet. Von der Tora Jahwes kann man Lebenskraft
erwarten, auf sie kann man sich verlassen, Freude und
Hilfe gehen von ihr aus für alle Zeit. In der Tora, die – wie
gesagt – in Ps 19 in ihrer schriftlichen Form gemeint ist,
begegnet dem Menschen nicht ein starres Gesetz, sondern
die lebendige und heilvolle Zuwendung seines Gottes.
Mit V. 12 beginnt der dritte Teilabschnitt des Psalms. Der
Neueinsatz ist deutlich und die Neuorientierung ist unübersehbar. In der hebräischen Bibel (BHS) ist der Neueinsatz drucktechnisch kenntlich gemacht, ebenso in der Lutherbibel. Keinesfalls darf man diesen dritten Psalmteil als
einen selbständigen, vom übrigen Psalm abzutrennenden
Teil verstehen. Vielmehr läuft letztlich alles auf diesen
dritten Abschnitt zu, wie es vor allem M. Oeming versteht. Bei ihm wird Ps 19 unter folgender Überschrift aus-
gelegt: »Wer bemerkt seine eigenen Fehler?« – Die Vielge-
staltigkeit der göttlichen Warnungen[13]. Darum bittet der
Psalmbeter, der sich an zwei Stellen (V. 12.14) als »dein
Knecht« bezeichnet, zunächst um Freispruch von verbor-
genen Verfehlungen (V. 12–13) und dann um Rechtshilfe
vor Feinden, die hier als »Hochmütige« bezeichnet werden
(V. 14a). Die Selbstprädikation »dein Knecht« ist ein Ausdruck der Selbstunterwerfung, der in der Alltagssprache

---

13 M. Oeming, Das Buch der Psalmen. Psalm 1–41, 2000, 130–
136.

wie im Hofstil gebraucht wird. Hier drückt er die enge Zugehörigkeit des Beters zu Jahwe, dem Schöpfer der Welt
und dem Geber der Tora, aus. In V. 14b erreichen die Bitten ihr Ziel. Es geht um ein Leben, das durch Gottes Hilfe
und Beistand »ohne Makel« und »freigesprochen von großer Schuld« ist.

Besondere Beachtung verdient dann noch der letzte Vers
des Psalms. Es handelt sich um eine »Weiheformel«. Was
bedeutet das? Ich stelle die beiden anderen Beispiele sol-
cher »Weiheformeln« daneben, die sich im Psalter finden.
Zunächst Ps 119,108a: »Lass dir die freiwilligen Gaben
meines Mundes gefallen, Jahwe«, sodann Ps 104,33f.: »Ich
will singen Jahwe, solange ich lebe, meinem Gott spielen,
solange ich bin. Möge ihm gefallen mein Dichten, ich will
mich freuen in Jahwe«.

Bei einer Betrachtung dieser drei inhaltlich zusammenge-
hörenden Stellen geht man am besten von Ps 119,108a aus.
Das Wort נדבה, das dort am Anfang steht, ist ein *terminus
technicus* der Opfersprache. Es bezeichnet die freiwillige,
spontan dargebrachte Opfergabe, zu deren Darbringung
der Opfernde nicht durch eine irgendwie geartete Ver-
pflichtung genötigt ist. Aber nicht nur das erste Wort des
Verses gehört zur Opferterminologie. Ebenso gilt das für
das Verbum רצה mit dem zugehörigen Nomen רצון. Ein
Opfer bedurfte der priesterlichen Annahmedeklaration.
Nur wenn die erteilt worden war, galt das Opfer als rite
dargebracht. In diesen Sachzusammenhang gehören die
genannten Wörter. Es wird mit ihrer Hilfe die wohlgefäl-
lige Annahme des Opfers durch Jahwe vom Priester bestä-
tigt. In Ps 104,34 kommt die Wurzel רצה zwar nicht vor,
aber das dort verwendete Verbum ערב mit der Bedeutung
»angenehm sein«, »gefallen« dürfte sachlich in denselben
Zusammenhang gehören.

Das Besondere der genannten Psalmstellen besteht darin,
dass – um es mit Ps 119,108 zu sagen – von den »freiwilligen Gaben des Mundes« die Rede ist. An die Stelle des
Opfers ist also das Lied, der Hymnus des Psalmsängers getreten. Dass es wirklich darum geht, dass hier eine Sache
an die Stelle der anderen tritt, und es sich nicht etwa um
ein Nebeneinander handelt, das zeigt die Übernahme der
spezifischen Opferterminologie in den neuen Zusammen-

hang. Dabei ist festzustellen, dass nun nicht etwa an der
überwundenen Form des Opfers Kritik geübt wird. Das geschieht höchstens indirekt. Opfer in der alten Form des
Tieropfers gibt es für unsere Beter nicht mehr. Sie verstehen ihr Lied als das Opfer, das Gott wohlgefällig sein
möge.

Kehren wir von diesen Überlegungen zum letzten Vers
noch einmal zurück zu einem Blick auf den gesamten
Psalm. Es stellt sich die Frage, wie die Fortsetzung zu verstehen ist, die die V. 1–7 durch den zweiten und dritten
Teil des Psalms, V. 8–15, gefunden haben. Das, was der
erste Psalmteil über Natur und Schöpfung sagt, wird im
zweiten und dritten Teil durch einen Hymnus auf die Tora
Jahwes und das Bittgebet eines Einzelnen ergänzt. Die be-
liebte Erklärung, die besagt: Hier sind aufgrund eines re-
daktionellen Versehens zwei von einander unabhängige
Psalmen irrtümlich zusammengekommen, ist die einfachs-
te, dürfte aber auch die schlechteste sein. Richtig dürfte
daran nur die Annahme sein, dass in Ps 19 zwei Stücke aus
verschiedenen Zeiten vorliegen. Die Anzeichen für ein ho-
hes Alter des ersten Psalmteils sind wohl ebenso eindeutig,
wie die Anzeichen für relativ späte Entstehung des zweiten
Teils des Psalms. Das zwingt zu der Annahme, dass der
erste Teil einmal selbständig als ein reiner Schöpfungshymnus existiert hat. Aber offenbar konnte Israel bei der
hier gegebenen Aussage nicht stehen bleiben. Der Schöpfungshymnus hatte von einer Kunde, einer Verkündigung
gesprochen, die aus den Werken der Schöpfung laut wird.
Aber diese Verkündigung ergeht »ohne Rede und ohne
Worte«, wie der entscheidende V. 4 sagt. Das Lob der
Schöpfung, das der Mensch nicht versteht, drängt hin zu
dem Ereignis, wo für den Menschen verständlich geredet
wird, drängt hin zur Offenbarung Jahwes in seiner Tora.
Das heißt aber, dass der zweite Psalmteil alles andere ist als
ein zufällig oder irrtümlich an eine falsche Stelle geratenes
Hymnenstück. Es ist vielmehr eine außerordentlich gewichtige notwendige Ergänzung, die das Lob der Schöpfung nicht durchstreicht. Es ist eine Ergänzung und Wei-
terführung, nicht eine Korrektur.

Wie verhalten sich im Alten Testament Natur- und Wort-
offenbarung zueinander? Man wird nicht sagen können,

dass die in Ps 19 gegebene Antwort systematisch befriedigend wäre. Aber gibt es hier eine systematisch befriedigende Antwort? Das Problem der doppelten Bezeugung Gottes in und durch die Natur einerseits und der spezifischen Offenbarung in der Tora andererseits wird hier aber deutlich, und ebenso deutlich ist, wo für das Alte Testament der Schwerpunkt liegt. Das zeigt sich schon darin, dass die erste Aussage hindrängt zur Ergänzung durch die zweite, ohne sie offenbar nicht gültig ist.

An dieser Stelle sei ein Wort Goethes aus »Dichtung und Wahrheit« zitiert. J.W. v. Goethe schreibt (Erstes Buch, 510):

»Der Knabe hatte sich überhaupt an den ersten Glaubensartikel gehalten. Der Gott, der mit der Natur in unmittelbarer Verbindung stehe, sie als Werk anerkenne und liebe, dieser schien ihm der eigentliche Gott ... er suchte ihn also in seinen Werken und wollte ihm auf gut alttestamentliche Weise einen Altar errichten«.

Hier irrt Goethe! Er irrt, wenn er das Suchen nach Gott in der Schöpfung als gut alttestamentlich bezeichnet. Gut alttestamentlich ist es vielmehr, Gott, den das Alte Testament als Schöpfer der Welt kennt und preist, in seiner Weisung zu suchen und zu erkennen.

6
Psalm 104

1   Lobe, meine Seele, Jahwe!
     Jahwe, mein Gott, du bist sehr groß.
     Mit Herrlichkeit und Glanz hast du dich gekleidet,

2   der sich mit Licht umhüllt wie mit einem Mantel,
     der den Himmel ausspannt wie eine Zeltdecke,

3   der im Wasser gezimmert hat sein Obergemach,
     der Wolken zu seinem Wagen macht,
     der einherfährt auf Flügeln des Windes,

4   der Winde zu seinen Boten macht,
     zu seinen Dienern loderndes Feuer.

5   Er hat die Erde auf ihre Fundamente gegründet,
     nicht wankt sie immer und ewig.

6   Die Urflut 'bedeckte sie' wie ein Kleid,
     über den Bergen standen die Wasser.

7   Vor deinem Schelten sind sie geflohen,
     von der Stimme deines Donners wurden sie verscheucht.

8   Sie stiegen hinauf zu den Bergen, stiegen hinab in die Täler
     zu dem Ort, den du ihnen bestimmt.

9   Eine Grenze hast du gesetzt, die überschreiten sie nicht,
     nicht kehren sie zurück, die Erde zu bedecken.

10   Der Quellen schickt in die Täler
     zwischen Bergen fließen sie,

11   sie tränken alle Tiere des Feldes,
     die Wildesel stillen ihren Durst.

12   Auf ihnen wohnen die Vögel des Himmels,
     zwischen dem Laub lassen sie die Stimme ertönen.

13   Der die Berge tränkt aus seinen Obergemächern,
     aus der Frucht deiner Werke wird die Erde satt.

14   Der Gras sprossen lässt für das Vieh
     und Saatgrün für die Ackerarbeit des Menschen,
     so dass er Brot aus der Erde hervorbringt

15   und Wein, der des Menschen Herz erfreut,
     damit er strahlen lasse das Angesicht von Öl,
     und Brot das Herz des Menschen stärkt.

16   Es sättigen sich die Bäume Jahwes,
     die Zedern des Libanon, die er gepflanzt hat.
17   Dort nisten die Vögel,
     der Storch hat in den Zypressen sein Haus.
18   Die hohen Berge gehören den Steinböcken,
     die Felsen gewähren den Klippdachsen Zuflucht.

19   Er hat den Mond gemacht zur Zeitbestimmung,
     die Sonne kennt ihren Untergang.
20   Bestellst du Finsternis, so wird es Nacht,
     in ihr bewegt sich alles Getier des Waldes.
21   Die jungen Löwen brüllen nach Raub,
     zu fordern von Gott ihren Fraß.
22   Leuchtet die Sonne auf, so versammeln sie sich,
     in ihren Höhlen lagern sie sich.
23   Der Mensch geht an seine Arbeit,
     an sein Tagewerk bis zum Abend.
24   Wie zahlreich sind deine Werke, Jahwe!
     Du hast sie alle in Weisheit gemacht.
     Die Erde ist voll deiner Geschöpfe.
25   Da ist das Meer groß und weit nach beiden Seiten,
     dort gibt es Kriechtiere ohne Zahl, Tiere klein und groß.
26   Dort ziehen Schiffe dahin,
     der Leviatan, den du gebildet hast, um mit ihm zu spielen.
27   Sie alle warten auf dich,
     dass du ihnen Speise gibst zur rechten Zeit.
28   Gibst du ihnen, so lesen sie auf,
     tust du deine Hand auf, so sättigen sie sich an Gutem.
29   Verbirgst du dein Angesicht, erschrecken sie,
     nimmst du ihren Atem, sterben sie
     und kehren zurück zu ihrem Staub.
30   Sendest du deinen Atem, so werden sie geschaffen,
     und du erneuerst das Angesicht des Erdbodens.

31   Die Herrlichkeit Jahwes bleibe ewiglich!
     Es freue sich Jahwe an seinen Werken!
32   Der die Erde anblickt, und sie bebt,
     er berührt die Berge, und sie rauchen.
33   Ich will Jahwe singen, solange ich lebe,
     ich will spielen meinem Gott, solange ich bin.
34   Möge ihm gefallen mein Dichten,
     ich will mich freuen über Jahwe.
35   Vertilgt werden sollen die Sünder von der Erde,
     und die Frevler soll es nicht mehr geben.
     Lobe, meine Seele, Jahwe! Halleluja!

Zu Beginn einige Bemerkungen zur *Textgestaltung* und zur *Übersetzung*:
In V. 3 steht im MT das Wort für »Obergemach« im Plural. Es empfiehlt sich trotzdem die singularische Übersetzung. – In V. 4 erwartet man beim Wort אֵשׁ (»Feuer«) ein feminines Adjektiv. Deshalb ist der Text an dieser Stelle häufig geändert worden, was aber nicht zwingend nötig ist. – In V. 6 ist eine Textänderung unvermeidlich. Das Wort »bedecken« hat im MT ein maskulines Suffix. Hier muss ein feminines Suffix eingesetzt werden, bezogen auf אֶרֶץ (die Erde). – In V. 8 bieten die Bibelübersetzungen weitgehend einen anderen Text als MT. Die Lutherbibel liest z.B.: »Die Berge stiegen hoch empor, und die Täler senkten sich herunter zum Ort, den du ihnen gegründet hast«. Das ist aber nicht möglich, da sich das letzte Wort des Verses, לָהֶם, auf מַיִם (die Wasser) bezieht. Es ist eine Aussage über die Wasser. Die Zürcher Bibel bietet in der Revision von 2007 jetzt die sachgemäße Übersetzung.
An den Anfang der Texterklärung sei ein bemerkenswertes Zitat von H. Spieckermann gestellt:

»Der Konsens der Ausleger besteht bei Ps 104 darin, die poetische Kraft des Textes zu loben. Darüber hinaus gibt es vornehmlich Streit in so gut wie jeder exegetischen Hinsicht: über die Form, das Verhältnis zum großen Echnaton-Hymnus, die weiteren traditionsgeschichtlichen Beziehungen, die zeitliche Ansetzung und anderes mehr«[1].

All den damit genannten Problemen intensiv nachzugehen, ist hier nicht der Ort, und es bleibt auch durchaus offen, ob man damit dem Psalm wirklich näher käme.
Ps 104 gehört zur Gattung der Hymnen. Aber es gibt Besonderheiten zu beachten. Üblicherweise gehört der Hymnus in den Mund einer Mehrzahl. Die zahlreichen Beispiele des Psalters brauchen nicht genannt zu werden. In Ps 104 redet keine Mehrzahl, es ertönt, was allerdings nur an wenigen Stellen sichtbar wird, eine Einzelstimme. Diese Einzelstimme meldet sich abgesehen von der Rahmung in

---

1   H. Spieckermann, Heilsgegenwart. Eine Theologie der Psalmen (FRLANT 148), 1989, 24.

V. 1 und V. 35 nur in V. 33 und 34. Trotzdem kann von da
aus Ps 104 als »Hymnus eines Einzelnen« bezeichnet wer-
den. Es ist aber zu beachten, dass das »ich« nur an den
Rändern des Psalms erscheint, in den Abschnitten des
Hauptteils kommt es nicht vor.
Hingewiesen sei auf die auffallende und bemerkenswerte
Tatsache, dass in Ps 104 stilistisch gesehen auf zwei verschiedene Weisen von Gottes Tun geredet wird. Da sehen
wir auf der einen Seite immer wieder die sog. hymnischen
Partizipien. Von Jahwe wird in 3. Person gesprochen, sein
Tun wird beschrieben und gerühmt. Die Reihe der hymni-
schen Partizipien beginnt bereits in V. 2: »Der sich mit
Licht umhüllt wie mit einem Mantel, der den Himmel aus-
spannt wie eine Zeltdecke.« Diese Stilform findet sich
weiterhin in V. 3.4.10.13.14.32. Die andere Stilform ist geprägt durch finite Verbformen. Nicht das Er, sondern das
Du Gottes ist bestimmend. So geschieht es bereits in V. 1:
»Jahwe, mein Gott, du bist sehr groß. Mit Herrlichkeit und
Glanz hast du dich gekleidet«. Vgl. weiter z.B. V. 9.20.24.
Nicht selten schwankt die Textüberlieferung zwischen beiden Stilformen. Man mag sich das an V. 2 verdeutlichen.
wo man עטה ת (»Du hast dich mit Licht umhüllt«) für עטה
(»Der sich mit Licht umhüllt«) gelesen hat. Kann man aus
diesen Beobachtungen und Gegebenheiten Schlussfolge-
rungen ziehen? Man hat es häufig getan. Hier sei dazu lediglich dies gesagt: Es ist durchaus möglich, dass die beiden
genannten unterschiedlichen Stilformen einen Hinweis
darauf geben, dass der Psalm aus verschiedenen Vorstufen
zusammengewachsen ist. Der exegetische Ertrag, der daraus zu ziehen wäre, ist aber gering. Man sollte bei der Interpretation von der jetzt vorliegenden Endform ausgehen.
Nur an einer Stelle, abgesehen von der Rahmung, könnte sich die Annahme einer literarischen Erweiterung des
Psalms nahe legen; gedacht ist an V. 35a.
Der Psalm ist gerahmt durch die Selbstaufforderung zum
Lobpreis Jahwes, V. 1a und V. 35a. Das entspricht genau
dem vorangehenden Psalm, Ps 103,1a und V. 22b. Diese
Entsprechung mag der Anlass dafür gewesen sein, in der
endgültigen Psalmensammlung diese beiden Psalmen nebeneinander zu stellen, obwohl sie im Blick auf ihren Inhalt sehr unterschiedlich sind. Auf die Rahmung folgt in

Ps 104,35 dann noch der Lobruf הללו יה. Er taucht hier zum
ersten Mal im Psalter auf. Das ist ein auffallendes Phänomen. In den folgenden Psalmen begegnet dieser Lobruf
dann noch häufig, manchmal als Überschrift, manchmal
als Unterschrift, manchmal auch an beiden Stellen. Die
letzten fünf Psalmen des Psalters sind dadurch zusammengeschlossen, dass sie diesen Lobruf am Anfang und am Ende haben. Das ist natürlich kein Zufall, sondern bewusste
Komposition. Vielleicht kann man die Endredaktion des
Psalters in dieser Hinsicht so interpretieren: Der Psalter
drängt immer stärker zum Lob bis hin zum abschließenden
Ps 150, der ja eine einzige Lobaufforderung ist bis zum
letzten Vers des Psalters: »Alles, was Atem hat, lobe Jahwe! Halleluja!«.
Die Einteilung des umfangreichen Psalms in drei Teile legt
sich nahe und lässt in den verschiedenen Teilen unter-
schiedliche traditionsgeschichtliche Herkunft der Psalmenaussagen erkennen. Dass die Hauptteile in sich noch Un-
terteile erkennen lassen, sei ausdrücklich festgestellt. Hier
eine mögliche Grobgliederung des Psalms:

I   V. 1–9
II   V. 10–30
III   V. 31–35

Der erste Psalmteil ist bestimmt von einer Darstellung des
grundlegenden Schöpfungshandelns Gottes. Das Chaos
muss gebändigt und in seine Schranken gewiesen werden.
Dabei sind die ersten vier Verse besonders zu betrachten.
Sie sind geprägt von den Vorstellungen des Königtums
Gottes. Das kann eindeutig gesagt werden, auch wenn der
Begriff »König« hier nicht vorkommt, anders als etwa in
Ps 93, wo es heißt »Jahwe regiert als König und ist herrlich
geschmückt«. Wenn es in Ps 104,1b heißt »Mit Herrlichkeit und Glanz hast du dich gekleidet«, so sind damit Epi-
theta des himmlischen Königs genannt. Im Folgenden wird
dann das Licht als das Kleid dieses Königs bezeichnet. Anders als in Gen 1 ist von der Finsternis keine Rede. Es soll
jetzt nicht auf alles eingegangen werden, was hier zur
Sprache kommt, genannt sei noch Folgendes: In V. 2b und
3a wird dargestellt, wie der König Jahwe seinen Palast

baut, seine Königswohnung. Beide Aussagen kann man
nur schwer vereinbaren, braucht man auch nicht. Das Aufschlagen des himmlischen Zeltes ist das eine (V. 2 b), das
Zimmern der Wohnung das andere (V. 3a). Die Wolken
sind die Wagen dieses Königs, auf denen er einherfährt.
Die Josefsgeschichte zeigt, ein wie wichtiges Symbol der
Wagen des Königs ist, vgl. Gen 41,43. Die Winde sind die
Boten dieses Königs, die Feuerflammen seine Diener (V.
4). Das ist der Hofstaat dieses Königs. So wird in den ersten vier Versen ein eindrucksvolles Bild des himmlischen
Königs gezeichnet, der die bedrohlichen Elemente in sei-
nen Dienst genommen hat.

Mit V. 5 kommt der Psalm dann – etwas salopp gesagt –
zur Sache. Es geht ja nicht nur darum, den himmlischen
König zu beschreiben und zu preisen. Dieser König hat etwas getan! Das ist das Entscheidende! Überschriftartig sagt
es V. 5: »Er hat die Erde auf ihre Fundamente gegründet,
nicht wankt sie immer und ewig«. Konkret geht es darum,
das Wasser, das hier als *die* Chaosmacht schlechthin erscheint, in seine Grenzen zu weisen, über die es nie wieder
hinauskommen kann. In V. 6 wird von der Urflut (תהום)
gesagt, dass sie die Erde wie mit einem Kleid bedeckte, dass
die Wasser über den Bergen standen. Aber Gottes Schelten
hat die Wasser vertrieben, und die Stimme seines Donners
hat sie erschreckt (V. 7). Auch V. 8 handelt von den Was-
sern. Die Chaosmacht Wasser ist endgültig besiegt, so dass
sich Gottes gute Schöpfung entfalten kann. Das heißt nicht,
dass die Chaosmacht Wasser nicht mehr existiert, sie ist
durchaus noch vorhanden, aber eine letzte Gefahr geht von
ihr nicht mehr aus. V. 9 sagt es abschließend: »Eine Grenze
hast du gesetzt, die überschreiten sie nicht. Nicht kehren
sie zurück, die Erde zu bedecken«.

An dieser Stelle empfiehlt sich ein Vorgriff auf V. 26, wo
noch einmal die Chaosmacht in anderer Form genannt
wird. Es ist die Rede von dem »Leviatan, den du gebildet
hast, um mit ihm zu spielen«. Die Lutherbibel verharm-
lost, wenn dort von »großen Fischen« die Rede ist. Der
Leviatan ist ein auch aus ugaritischen Texten bekanntes
Chaoswesen, ein Meerungeheuer. Hier wird nun die fast
groteske Aussage gemacht, dass Gott den Leviatan gebildet
hat, um mit ihm zu spielen. Damit ist das Chaosungeheuer

in einer Weise depotenziert, wie es stärker kaum ausgedrückt werden kann.

Doch jetzt ist einiges zu dem großen Mittelteil des Psalms
zu sagen, der mit V. 10 beginnt, und dessen erster Abschnitt bis V. 18 reicht. Was hier über die Schöpfung in ihrer Vielfalt und in ihrem Reichtum gesagt wird, gehört zu
den schönsten Aussagen über die Schöpfung im Alten
Testament. Es geschieht auf vielfältige Weise. Die Vielfalt
der hier dargebotenen Beschreibung bezieht sich auf die
Form der Aussagen ebenso wie auf den Inhalt.

War vorher von der *Chaosmacht Wasser* die Rede, so geht
es jetzt um das *Wasser als Lebenselexier*. Man mag daran
denken, wie in ähnlicher Weise unterschiedlich vom Wasser im Schöpfungsbericht der Priesterschrift und im jahwistischen Schöpfungsbericht die Rede ist. Und man mag
sich auch vor Augen halten, in welch überragender Weise
das Wasser in der Bibel als Lebensgrundlage – auch im
übertragenen Sinn – immer wieder genannt wird. Dazu sei
nur ein Psalmvers genannt: Ps 36,10 »Bei dir ist die Quelle
des Lebens, in deinem Licht sehen wir das Licht«. In Ps
104,10ff. ist nun nicht im übertragenen Sinn vom Wasser
die Rede, sondern ganz natürlich. Etwas prosaisch könnte
man sagen: Es geht um »Lebensermöglichung durch Was-
serversorgung«[2]. Es mag uns etwas eigenartig anmuten,
dass zunächst die Tiere genannt werden, die an dem von
Gott bereitgestellten Wasser ihren Durst stillen, und zwar
»alle Tiere des Feldes« – das sind die wilden Tiere – von
denen die Wildesel speziell genannt werden. Nach den Tieren folgen die Pflanzen. V. 14 nennt Gras und Saatgrün,
später folgen die Bäume, unter denen die Zedern des Libanon hervorgehoben werden, V. 16.

Schließlich wird auch der Mensch genannt. Er unterscheidet sich von Pflanzen und Tieren dadurch, dass es seiner
Arbeit bedarf, um seine Ernährung zu sichern. Es ist übrigens nur von pflanzlicher Nahrung des Menschen die Rede. V. 14, wozu auch V. 23 hinzuzunehmen ist, vermittelt
eine höchst positive Wertung menschlicher Arbeit, und

---

2 Th. Krüger, »Kosmo-theologie« zwischen Mythos und Erfahrung. Psalm 104 im Horizont altorientalischer und alttestamentlicher »Schöpfungs«-Konzepte, BN 68 (1993), 55.

das entspricht dem, was die jahwistische Paradieserzählung
zu dieser Sache sagt.

Man kann im ersten Abschnitt des Mittelteils das Bei- und
Nebeneinander von *Natur* und *Kultur* feststellen. Da kommen die wilden Tiere ganz allgemein vor und im Besonderen die Wildesel, die Steinböcke und Klippdachse. Mehrfach sind die Vögel genannt, insbesondere der Storch. Das
alles repräsentiert die ungebändigte *Natur*. Daneben steht
die durch menschliches Wirken entstandene *Kultur*. Der
Psalm lässt keinen Zweifel daran, dass auch das Saatgrün,
das Öl und der Wein dem Schöpfungswirken Jahwes zu
verdanken sind.

In V. 15 haben wir eine der schönsten biblischen Aussagen
über den Wein, »der des Menschen Herz erfreut«. Unter
den vielfältigen Aussagen, die der Psalm über das Schöpfungshandeln Gottes macht, kommt diesem Satz eine besondere Bedeutung zu. Es geht eben nicht nur darum, dass
Pflanzen, Tiere und auch die Menschen ihr Auskommen,
das heißt Lebensmöglichkeiten haben. Der Psalm fügt im
Blick auf den Menschen noch etwas Wichtiges hinzu. Er
soll das Leben nicht ohne Freude haben. Um Freude in sein
Leben zu bringen, ist dem Menschen der Wein gegeben.
Das Alte Testament weiß auch von den Gefahren des
Weins. Hier ist davon nicht die Rede, hier geht es um die
Freude, die der Genuss des Weins seiner ganzen Existenz
bringt. Es ist zu beachten, dass hier vom Herzen des Menschen gesprochen wird, womit der Mensch in seinem
Dichten und Trachten, in seiner Gesamtexistenz gemeint
ist. Es würde schon lohnen, diesen Gedanken durch die Bibel hindurch zu verfolgen. Es sei hier lediglich daran erinnert, dass es als ein Ausdruck zufriedenen und erfüllten
Lebens gesehen wird, unter seinem Weinstock und Fei-
genbaum zu sitzen, Mich 4,4; Sach 3,10. Für Ps 104 sei
noch darauf aufmerksam gemacht, dass das Wort »sich
freuen« (שׂמח) im Psalm noch zweimal vorkommt. »Ich will
mich freuen über Jahwe« , V. 34. Die Freude, die in der
Freude über Gott, den Schöpfer, ihren Höhepunkt findet,
ist bereits durch die Freude am Genuss des Weins in die
Schöpfung hineingegeben. Dass auch Gott selbst an seiner
Schöpfung Freude empfindet, sagt V. 31. So gehört die
Freude in vielfältiger Weise zur guten Schöpfung Gottes

hinzu. Übrigens begegnet das gleiche Wort »sich freuen« (שׂמח) auch im Schöpfungspsalm 19,9: »Die Anordnungen Jahwes sind richtig, sie erfreuen das Herz«. Was hier also theologisch aufgeladen vom Wort Gottes gesagt wird, wird in Ps 104 mit den gleichen Vokabeln vom Wein gesagt. Höher kann man vom Wein nicht reden!

Mit V. 19 beginnt ein neuer Abschnitt. Mond und Sonne – in dieser Reihenfolge – werden als Geschöpfe Gottes genannt. Sie dienen der Zeitbestimmung. Hier liegt wohl die größte Nähe zu Gen 1 vor, allerdings – anders als in Gen 1 – werden Mond und Sonne hier mit ihrem Namen bezeichnet, was in Gen 1 bewusst nicht geschieht. Die uns irritierende Reihenfolge Mond – Sonne erklärt sich daraus, dass wir mit einem lunaren Kalender zu rechnen haben. Was die Zeitbestimmung angeht, ist in dieser Hinsicht der Mond wichtiger als die Sonne. Die Sonne regelt den Wechsel von Tag und Nacht. Das gibt dem Psalm Anlass, die nachtaktiven Tiere zu benennen. Diese besonders schönen und eindrucksvollen Verse zeigen einen bemerkenswerten Unterschied zum berühmten Aton-Hymnus des Echnaton, der oft – heute ist man da zurückhaltender – als Vorlage für bestimmte Aussagen von Ps 104 angesehen worden ist[3]. Hier soll auf Einzelheiten der Vergleichbarkeit und Unvergleichbarkeit beider Texte nicht näher eingegangen werden. Es sei nur auf einen Unterschied hingewiesen. Im Sonnenhymnus des Echnaton sind die Nachttiere Verkörperung der Todesmacht. Sie sind aktiv, während die Leben spendende Sonne in der Unterwelt weilt. Über die Sonne wird dies gesagt:

»Gehst du unter im westlichen Horizont, so liegt die Erde im Dunkel wie im Tode. Die Schläfer sind in den Kammern, die Häupter verhüllt, kein Auge sieht das andere. All ihre Habe unter ihren Köpfen mag gestohlen werden – sie merken es nicht. Alle Löwen sind aus ihren Höhlen gekommen, alles Gewürm beißt. ... Die Erde liegt im Schweigen, (denn) der sie schuf, ist in seinem Horizonte zur Ruhe gegangen.« [4]

3 Vgl. zum Aton-Hymnus die Ausführungen ebd., 63ff.
4 Übersetzung von H. Brunner, zitiert nach W. Beyerlin, Religionsgeschichtliches Textbuch zum Alten Testament, 1975, 43.

Kurz gesagt: Während die Sonne nicht da ist, herrscht das
Chaos. Davon ist im Ps 104 nichts zu spüren.
In V. 24 erreicht der Psalm einen Höhepunkt. In der Lu-
therbibel ist dieser Vers als Kernstelle ausgewiesen. Der
Vers gehört in der Übersetzung der Lutherbibel gewiss zu
den bekanntesten Psalmversen überhaupt: »HERR, wie
sind deine Werke so groß und viel! Du hast sie alle weise
geordnet, und die Erde ist voll deiner Güter.« An dieser
Stelle liegt übrigens eine enge Beziehung zum Echnaton-
Hymnus vor, wo es an einer Stelle heißt: »Wie mannigfal-
tig sind doch deine Werke!« Vorher waren einige dieser
Werke beschrieben worden, wie es in Ps 104 auch der Fall
ist, aber im Einzelnen sieht der ägyptische Text dann doch
recht anders aus.
Was den alttestamentlichen Text angeht, so ist noch auf
eine wichtige Besonderheit dieser Psalmenaussage hinzuweisen. Im Zentrum von V. 24 steht der Satz, der in wört-
licher Übersetzung so lautet: »Du hast sie alle in Weisheit
gemacht«.
Dass Gott die Welt »in Weisheit« geschaffen hat, ist ein
Gedanke, der Gen 1 fremd ist, jedenfalls nicht dasteht.
Hier wird er an zentraler Stelle in einer Art hymnischer
Akklamation bekenntnisartig ausgesprochen. Weisheit bedeutet Ordnung, auch Zuordnung der Dinge zueinander.
Solche Ordnung erkennt der Psalm in dem Reichtum und
der Fülle von Gottes Schöpfung. An dieser Stelle könnte
der Psalm zu Ende sein, und er hätte damit einen schönen
Abschluss. Aber er ist nicht zu Ende. Es folgen noch höchst
gewichtige Psalmenaussagen.
Die V. 25 und 26 lassen noch einmal das Meer ins Blickfeld
des Psalms treten. Aber das geschieht in völlig anderer
Weise als in V. 6ff. Das Bedrohliche und das Unheimliche
des Meeres werden hier nicht thematisiert, sondern sein
Reichtum und seine Vielfalt. H.-J. Kraus spricht von einem
»Bild voller Freundlichkeit und Schönheit«[5]. Soll diese be-
tonte Hervorhebung des Meeres an dieser Stelle das Meer
als das größte Schöpfungswerk hervorheben? Es wäre
denkbar. Von V. 26b, dieser grandiosen Aussage über das
Meerungetüm, den Leviatan, war schon die Rede.

5   H.-J. Kraus, Die Psalmen. 2. Teilband (BK XV/2), [5]1978, 885.

In V. 27–30 erfährt der große Mittelteil des Psalms einen bemerkenswerten Abschluss. Man kann auch von einem zweiten Höhepunkt des Psalms sprechen, was die Lutherbibel dadurch zum Ausdruck bringt, dass V. 27–28 als Kernstellen ausgewiesen werden. Schöpfung, das macht dieser Schöpfungspsalm hier ganz deutlich, ist nicht ein Geschehen nur am Anfang. Gottes Schöpfungshandeln wird täglich neu erfahren, und zwar von *allen*. Im hebräischen Text steht das Wort »alle« am Anfang des Verses. Wer sind alle? Sicher nicht nur die Menschen. Auch die Tiere, von denen der Psalm so vielfältig geredet hat, sind hier im Blick. Aber man kann und muss noch weiter gehen und auch die Pflanzen mit einbeziehen. Man denke nur an V. 16: »Es sättigen sich die Bäume Jahwes, die Zedern des Libanon, die er gepflanzt hat«. Die Formulierung »Bäume Jahwes« sollte nicht übersehen werden. Die Schöpfung als ganze lebt von der immer wieder, Tag für Tag, ihr freundlich zugewandten Nähe Gottes. Nur so ist Leben in all seiner Vielfalt möglich.

Aber zum Leben gehört nach biblischem Verständnis auch der Tod, und so ist in V. 29 in diesem Schöpfungspsalm auch vom Tod die Rede. Jörg Jeremias bemerkt dazu:

»So arglos, ja geradezu heiter hat das biblische Israel sonst nie vom Tod geredet. ... Wie alles Lebenspenden, so ist auch der Tod ein Handeln des einen Gottes, der keine Mächte neben sich kennt. Der Tod ist die notwendige Kehrseite des Lebens, das nie aufhört, geschöpfliches, d.h. auf Versorgung angewiesenes Leben zu sein, und gleichzeitig gestundete Gabe, die der Geber des Lebens wieder einfordert«[6].

Am Ende aber steht in V. 30 nicht der Tod, sondern das Leben, das immer neu durch Gottes Schöpferhandeln existent ist. Dabei ist der Gebrauch des theologisch so hoch befrachteten Wortes ברא (»schaffen«) zu beachten. Das Wort wird im Alten Testament nur von Gott gebraucht, und es wird immer absolut ohne Objekt verwendet. ברא bezeichnet Gottes analogieloses Schaffen, was die deutsche

---

6   Jörg Jeremias, Schöpfung in Poesie und Prosa des Alten Testaments, in: Jahrbuch für Biblische Theologie 5, 1990, 23.

Übersetzung nicht wiedergeben kann. Im Alten Testament
kommt ברא schwerpunktmäßig in zwei Bereichen vor, zunächst in Gen 1, wo es exklusiv auf Gottes Schöpfung am
Anfang bezogen ist, und bei Deuterojesaja, wo das Wort
»gleichermaßen das vergangene, gegenwärtige und zu-
künftige Schöpfungshandeln Jahwes bezeichnen kann«[7]. In
Ps 104 wird das Wort gebraucht wie bei Deuterojesaja.
Blicken wir noch auf die Stellung des Menschen, die ihm
nach Ps 104 zukommt. Er wird hier nicht als »Herrscher«
über die Tierwelt gesehen wie in Gen 1 und Ps 8. Dazu
gehört, dass er seine Nahrung mit Arbeit »hervorbringt«
(V. 14).
In V. 31–15 kommt der Psalm zu seinem Abschluss. Dieser
dritte Psalmteil ist deutlich vom Hauptteil abgesetzt. Der
neue Ton, der hier anklingt, wird von manchen Auslegern
als so andersartig empfunden, dass sie hier Zusätze erkennen wollen. So schreibt K. Seybold in seinem Kommentar:

»Die Verse sind als Zusätze zum Korpus des Psalms zu verstehen. Sie stammen wahrscheinlich von Lesern, Sängern oder Be-
tern, die den Text mit eigenen Wünschen und Gedanken ergänzt
haben«[8].

Ich sehe das nicht so, erkenne hier vielmehr verstärkt
hymnische Traditionen Israels aufgenommen, besonders
deutlich in V. 33 und V. 34. Am Anfang des Schlussteils
greift der Psalm Gedanken seines Anfangs auf, allerdings
in anderer Formulierung und mit anderen Vokabeln, aber
die Vorstellung vom König Jahwe in seiner Herrlichkeit
weist doch recht eindeutig in diese Richtung. Von diesem
König gehen auch Handlungen aus, die Furcht einflößen.
V. 32: »Der die Erde anblickt, und sie bebt, er berührt die
Berge, und sie rauchen«.
Ein besonderes Problem stellt zweifellos der letzte Vers des
Psalms dar. In V. 35a ist von menschlicher Schuld und
menschlicher Sünde die Rede. Das hatte vorher in Ps 104
keinerlei Erwähnung gefunden. So ist hier die Annahme
einer sekundären Erweiterung des Psalms noch am ehesten

---

7   Th. Krüger, »Kosmo-theologie«, 72, Anm. 106.
8   K. Seybold, Die Psalmen (HAT I/15), 1996, 411.

verständlich. Es sei an dieser Stelle ein Satz und Gedanke zitiert, den H.D. Preuß einmal zu diesem Vers geäußert hat. Er schreibt:

»Das theologische Problem der Schöpfung ist hiernach der Mensch als Sünder – was sehr aktuell ist. Sollte es sich hier um einen Zusatz handeln, dann ist derjenige zu beglückwünschen, der zu solchem Zusatz fähig war«[9].

In der Tat, dieser Halbvers macht – ob Zusatz oder nicht – eine Aussage, die zur biblischen Schöpfungstradition wesentlich dazugehört. Eine Bedrohung der Schöpfung kann entweder von Gott selbst ausgehen (V. 32) oder aber vom Menschen (V. 35). An dieser Stelle drängt sich geradezu der Vergleich mit der jahwistischen Schöpfungsgeschichte noch einmal auf, wo Gen 3 untrennbar mit Gen 2 verbunden ist.

---

9   H.D. Preuß, Theologie des Alten Testaments, Band 1, 1991, 261f.

7

Psalm 136

1 Lobt Jahwe, denn er ist gütig –
   ja, ewig währt seine Gnade.
2 Lobt den Gott der Götter –
   ja, ewig währt seine Gnade.
3 Lobt den Herrn der Herren –
   ja, ewig währt seine Gnade.
4 Der allein große Wunder tut –
   ja, ewig währt seine Gnade.
5 Der den Himmel gemacht hat mit Weisheit –
   ja, ewig währt seine Gnade.
6 Der die Erde befestigt hat über dem Wasser –
   ja, ewig währt seine Gnade.
7 Der große Lichter gemacht hat –
   ja, ewig währt seine Gnade.
8 Die Sonne zur Herrschaft über den Tag –
   ja, ewig währt seine Gnade.
9 Den Mond und die Sterne zur Herrschaft über die Nacht –
   ja, ewig währt seine Gnade.
10 Der Ägypten schlug an ihren Erstgeborenen –
   ja, ewig währt seine Gnade.
11 Und Israel herausführte aus ihrer Mitte –
   ja, ewig währt seine Gnade.
12 Mit starker Hand und ausgestrecktem Arm –
   ja, ewig währt seine Gnade.
13 Der das Schilfmeer in Stücke zerteilte –
   ja, ewig währt seine Gnade.
14 Und ließ Israel mitten hindurchziehen –
   ja, ewig währt seine Gnade.
15 Und den Pharao und sein Heer ins Schilfmeer stieß –
   ja, ewig währt seine Gnade.
16 Der sein Volk durch die Wüste führte –
   ja, ewig währt seine Gnade.
17 Der große Könige schlug –
   ja, ewig währt seine Gnade.
18 Und tötete mächtige Könige –

19   Sihon, den König der Amoriter –
       ja, ewig währt seine Gnade.
20   und Og, den König von Baschan –
       ja, ewig währt seine Gnade.
21   Und er gab ihr Land zum Erbe –
       ja, ewig währt seine Gnade.
22   Als Erbe für Israel, seinen Knecht –
       ja, ewig währt seine Gnade.
23   Der unser gedachte in unserer Erniedrigung –
       ja, ewig währt seine Gnade.
24   Und uns losriss von unseren Feinden –
       ja, ewig währt seine Gnade.
25   Der Speise gibt allem Fleisch –
       ja, ewig währt seine Gnade.
26   Lobt den Gott des Himmels –
       ja, ewig währt seine Gnade.

Einige Anmerkungen zur Übersetzung: In V. 1 ergeben sich drei Probleme. Das erste Wort des Psalms, הודו, das auch die Verse 2, 3 und 26 einleitet, wird in den Kommentaren und Bibelübersetzungen entweder mit »danket« oder mit »lobet«, bzw. »preiset« wiedergegeben. »Danken« und »Loben« sind zweifellos keine identischen Aussagen. Die Philologie kann die Frage letztlich nicht entscheiden. Als Einleitung eines Hymnus dürfte die Übersetzung »Lobet« die bessere sein. – Ein weiteres Problem stellt die Übersetzung des zweiten כי dar, also des Wortes, mit dem der 26-mal wiederholte Kehrvers eingeleitet wird. Die älteren Kommentare und die meisten Bibelübersetzungen haben hier das traditionelle »denn«. Neuere philologische und formgeschichtliche Überlegungen legen eine andere Übersetzung nahe. כי ist in diesem Fall »deiktische Partikel«, sie begründet nicht, sondern stellt etwas fest. Als Übersetzung empfiehlt sich ein bekräftigendes »Ja«: »Ja, ewig währt seine Gnade«. So die neueren Kommentare und dies aufnehmend die neueren Bibelübersetzungen wie Gute Nachricht Bibel, Hoffnung für alle, auch die Zürcher Bibel in der Revision von 2007, die an dieser Stelle kein »denn« haben. – Schließlich ist die Übersetzung des letzten Wortes des Verses und damit auch des Kehrverses zu bedenken. Die Bedeutung von חסד ist viel verhandelt. Als Überset-

zung könnte an unserer Stelle »Güte«, »Gnade«, »Huld«
oder »Treue« gewählt werden. Vielleicht trifft »Gnade« die
Sache am besten.

Dass Ps 136 als Hymnus anzusprechen ist, bedarf keiner
langen Erörterung. Die an eine Mehrzahl gerichtete Aufforderung, Jahwe zu loben, eröffnet und beschließt den
Psalm. Besonders zu beachten ist der Kehrvers, der nach
jeder Psalmaussage wiederholt wird. Man wird nicht fehlgehen in der Annahme, ihn als ein Responsorium zu verstehen, das von einer Mehrzahl, man kann auch sagen von
der versammelten Gemeinde, angestimmt wird als Antwort auf die vorher genannten Taten Gottes. In dem allen
manifestiert sich der חסד Jahwes, die Zuwendung Gottes zu
denen, die hier angesprochen sind, und die für eine unab-
sehbare Zeit und Dauer, לעולם, Bestand haben wird.
Der Psalm ist übersichtlich und klar gegliedert.

I	V. 1–3	Aufruf zum Lobpreis
II	V. 4–9	Lob des Schöpfers
III	V. 1–15	Lob des Befreiers
IV	V. 16–22	Lob dessen, der durch die Wüste geführt und das Land gegeben hat
V	V. 23–25	Nachträge
VI	V. 26	Führt zum Anfang zurück und rahmt somit den Psalm

V. 1–3: Dreimal wird am Beginn des Psalms die Aufforderung zum Lob Gottes ausgesprochen. Der erste Vers einschließlich des Responsoriums findet sich wortwörtlich
auch zu Beginn der Psalmen 106; 107 und 118. In V. 2 und
V. 3 bekommt der Aufruf zum Lob dadurch eine besondere
Note, dass der Gott Israels über andere Götter, deren Existenz nicht geleugnet wird, und über weltliche Herren gestellt wird. Beide Aussagen sind auch in Dtn 10,17 zu finden, wobei die Folgen, die sich aus der unvergleichlichen
Stellung und Majestät Gottes ergeben, im Deuteronomium
andere sind als in Ps 136. Hier stehen diese Gottesprädika-
tionen vor den dann folgenden Schöpfungsaussagen.

V. 4–9: Den einleitenden V. 4 kann man als eine Art Überschrift über alles Folgende verstehen. Sowohl Gottes

Schöpfungshandeln wie auch Gottes Geschichtshandeln kann der Hymnus nicht anders als große Wundertaten beschreiben. Wunder sind nach alttestamentlichem Verständnis nicht da zu erleben, wo die Naturgesetze durchbrochen werden, sondern in dem Handeln Gottes, das der Psalm im Folgenden beschreibt und besingt. Er beginnt mit den Schöpfungsaussagen und folgt damit der kanonischen Reihenfolge und Ordnung. Die Bezugnahmen auf den priesterschriftlichen Schöpfungsbericht Gen 1 sind deutlich, wenn sich auch gewisse Unterschiede und Abweichungen feststellen lassen. Während in dem einleitenden Satz Gen 1,1 Himmel und Erde gemeinsam genannt werden, um damit eine alles umfassende Aussage zu machen, wird hier vom Himmel und der Erde in zwei verschiedenen Versen und in je anderer Abzweckung gesprochen. Der Lobpreis gilt zunächst dem, der den Himmel »mit Weisheit« gemacht hat, V. 5. Das erinnert an Ps 104,24, wo allerdings eine andere Terminologie verwendet wird, siehe dazu oben zu Ps 104,24. Auch V. 6 kann in eine gewisse Beziehung zu Ps 104, genauer zu Ps 104,3, gebracht werden, obwohl auch hier die Terminologie und damit auch die Vorstellung eine andere ist. Das Verbum רקע bedeutet »feststampfen«, »festmachen«. In Jes 42,5 und 44,24 wird es in einem vergleichbaren Zusammenhang gebraucht. Das Wasser – hier als Chaosmacht gesehen – kann der Erde nichts mehr anhaben. Gott hat sie befestigt über dem Wasser.

In V. 7–9 werden die Schöpfungswerke Sonne, Mond und Sterne in den Blick genommen. Die Anklänge an Gen 1,14–18 sind nicht zu übersehen, allerdings sind auch Unterschiede festzustellen. Nachdem in V. 7 zunächst überschriftartig von »großen Lichtern« die Rede ist – es ist die einzige Stelle des Alten Testaments, an der das Wort אור im Plural vorkommt –, werden in V. 8 und 9 Sonne und Mond mit Namen genannt, was im priesterschriftlichen Schöpfungsbericht offenbar bewusst vermieden wird. Dass die Sonne zur Herrschaft über den Tag eingesetzt ist und der Mond zur Herrschaft über die Nacht, entspricht dem, was in Gen 1,14–18 ausgesagt ist, während anderes, was dort steht, hier fehlt. Damit ist der schöpfungstheologische Abschnitt zu Ende. Andere Schöpfungswerke, wie sie in

Gen 1 und den anderen Schöpfungspsalmen zur Sprache
kommen, finden zunächst keine Erwähnung. In V. 25 aber
folgt dann am Ende des Psalms noch ein bemerkenswerter
Nachtrag, der Gottes Schöpfungshandeln über den kosmi-
schen Rahmen hinaus anspricht.

V. 10–15: Am Anfang des nunmehr folgenden Abschnitts,
der dem Lob von Gottes Geschichtshandeln gewidmet ist,
steht die preisende Nennung der Befreiung des Volkes Israel aus der Knechtschaft in Ägypten, das »Urbekenntnis
Israels«[1]. Dabei sind die Bezüge zur Pentateuchüberliefe-
rung unübersehbar, vor allem die Tötung der Erstgeburt
der Ägypter, aber auch die wundersame Errettung Israels
am Schilfmeer. Dass dabei auch der Pharao zusammen mit
seinem Heer untergeht (V. 15), ist allerdings eine Aussage,
die über das im Pentateuch Berichtete hinausgeht (vgl. Ex
14,27). Hier wird das Geschehen weiter ausgemalt. Mose
findet keine Erwähnung. Das heilvolle Geschehen wird
einzig und allein auf Jahwe, den Gott der Befreiung, zu-
rückgeführt.

V. 16–22: Ein weiterer Abschnitt, Gottes Geschichtshandeln gewidmet, nennt zunächst die »Führung durch die
Wüste«. Dabei handelt es sich um eine Art Zwischenthe-
ma, das die Herausführung aus Ägypten und die Hinein-
führung ins Land der Verheißung verbindet. So auch hier.
Das Thema »Führung durch die Wüste« wird nur genannt,
es wird nicht weiter ausgeführt, wie es etwa in Dtn 8,15f.
geschieht. Der Gesamtzusammenhang zielt auf die Gabe
des Landes, V. 21–22. Aber der Weg dorthin ist versperrt
durch große und mächtige Könige, V. 17 und 18. Mit kei-
nem Wort wird etwa gesagt, dass Israel diese Könige besiegt hätte. Es ist Gottes für Israel heilvolles Werk, das
hier besungen wird. Er schlug, er tötete diese Könige, und
er macht damit den Weg frei für den Weg ins verheißene
Land. In V. 19 und 20 werden sodann zwei dieser Könige
namentlich genannt, Sihon und Og. Es sind Könige des
Ostjordanlandes. Die hier angesprochenen kriegerischen
Ereignisse werden in Num 21,21–24 (vgl. Dtn 2,30–36)
und in Num 21,32–35 (vgl. Dtn 3,1–7) ausführlich beschrieben. In den Psalm wird von dieser Beschreibung

---

1   M. Noth, Überlieferungsgeschichte des Pentateuch, 1948, 52.

nichts aufgenommen. Nur die Tatsache, dass Gott hier gehandelt hat, ist ihm wichtig.

Wie bereits gesagt, zielt der Gesamtzusammenhang auf die
V. 21 und 22. In beiden Versen wird der theologisch hoch-
bedeutsame Terminus נחלה gebraucht. Die im Alten Testament in vielfältiger Weise verwendete Vorstellung vom
»Erbbesitz« wird im Deuteronomium auf Israel bezogen
(Dtn 4,21.38; 12,9; 15,4 u. ö), und damit wird zum Ausdruck gebracht, dass die den Erzvätern gegebene Verheißung mit der Gabe des Landes an Israel Realität geworden
ist. In dieser Tradition stehen V. 21 und 22.

V. 23–25: Hier handelt es sich um Nachträge. Dabei ist zunächst auffallend, dass völlig neu und unvermittelt der
Wir-Stil auftaucht. Auf diese Weise bringt sich die hier
redende Gemeinde selbst ins Spiel. An ihnen, die diesen
Lobpreis singen, hat Gott heilvoll gehandelt. Es bleibt offen, an welche »Erniedrigung« gedacht sein könnte und
welche »Feinde« gemeint sind, von denen hier die Rede ist.
H.-J. Kraus erwägt als möglichen konkreten Hintergrund
»die Ereignisse der Richterzeit«, aber es könnten auch Ereignisse im Blick sein, die den Sängern näher sind. Das
würde den auffallenden Wir-Stil erklären.

V. 25 bringt abschließend noch einen Gedanken lobend
zum Ausdruck, der an dieser Stelle überrascht, aus anderen Schöpfungspsalmen aber wohl bekannt ist (vgl. Ps
104,27f.): Gott als der Schöpfer ist der Ernährer »für alles
Fleisch«. Es ist zu beachten, dass hier der Primärbezug auf
Israel, der das Geschichtshandeln Gottes bestimmte, verlassen ist zugunsten einer universalen Schöpfungsaussage.
Wie universal ist diese Aussage, oder anders gefragt, was
bedeutet לכל בשר? Es stehen zwei Deutungen zur Verfü-
gung. Entweder bezieht sich der Ausdruck nur auf die
Menschen oder aber, die Menschen einschließend, auch
auf die Tiere. כל בשר ist im Alten Testament für beide Be-
deutungen belegt. In V. 25 dürfte wie z.B. in Gen 6,17 oder
Hiob 34,15 das umfassendere Verständnis vorzuziehen
sein. Der Psalm endet mit einer Aussage von größter Totalität, und er kehrt damit in gewisser Weise zu seinem
Anfang wieder zurück, vgl. V. 5 und 6.

V. 26 kehrt nach Form und Inhalt zu den einleitenden V.
1–3 zurück und rahmt damit des Psalm. Die Prädikation

אל השמים (»Gott des Himmels«) ist demgegenüber neu, sie
hat in den Anfangsversen keine Entsprechung, ja sie ist
in dieser Form einmalig im Alten Testament. Die volle-
re Form אלהי השמים begegnet in persischer Zeit dagegen
häufig, vgl. Neh 1,4; 2,4.20; Esr 5,11f. u.ö.
Was ist das Besondere dieses Psalms, wodurch erhält er
sein Gepräge? Das Besondere ist zu sehen in der Verbindung von Schöpfung und Geschichte. Damit sind die beiden Hauptthemen der alttestamentlichen Hymnen aufgenommen. Es zeigt sich, dass die Schöpfung der Welt nach
alttestamentlicher Sicht kein Mythos ist, kein von der Ge-
genwart isoliertes Geschehen, dass die Schöpfung vielmehr
Geschichte ermöglicht und eröffnet. Der Psalm fasst in V.
4 Gottes Heilshandeln in Schöpfung und Geschichte unter
dem Begriff der »großen Wunder« zusammen.

Literatur

1. *Allgemeine Literatur zum Thema »Das Lob des Schöpfers in den Psalmen«*

Albertz, R., Weltschöpfung und Menschenschöpfung (CThM 3), 1974

Boecker, H.J., Psalmen, in: H.J. Boecker u.a. (Neukirchener Arbeitsbuch Altes Testament), [5]1996, 179–199

Crüsemann F., Studien zur Formgeschichte von Hymnus und Danklied in Israel (WMANT 32), 1969

Delkurt, H., »Schöpfung« – Aspekte der exegetischen Diskussion, Zeitschrift für Pädagogik und Theologie 55 (2003), 236–246

Jeremias, Jörg, Schöpfung in Poesie und Prosa das Alten Testaments. Gen 1–3 im Vergleich mit anderen Schöpfungstexten des Alten Testaments, in: Jahrbuch für Biblische Theologie 5, 1990, 11–36

Kleer, M., »Der liebliche Sänger der Psalmen Israels«. Untersuchungen zu David als Dichter und Beter der Psalmen (BBB 108), 1996

Schmidt, L., Schöpfung: Natur und Geschichte, in: H.J. Boecker u.a. (Neukirchener Arbeitsbuch Altes Testament), [5]1996, 267–289

Schmidt, W.H., Schöpfung im Alten Testament. Vielfalt der Aspekte, in: J. Track / C. Link (Hg.), Verstehen – Bewahren – Gestalten. Christliche Orientierung in der Krise der Neuzeit, 2003, 63–89

Spiekermann, H., Heilsgegenwart. Eine Theologie der Psalmen (FRLANT 148), 1989

Vosberg, L., Studien zur Rede vom Schöpfer in der Psalmen (BEvTh 69), 1975

Westermann, C., Das Reden von Schöpfer und Schöpfung im Alten Testament, in: FS L. Rost (BZAW 105), 1967, 238–244

2. *Wichtige Psalmenkommentare*

Duhm, B., Die Psalmen erklärt (KHC 14), [2]1922

Gunkel, H., Die Psalmen (HK II/2), [5]1968

Hossfeld, F.-L. / Zenger, E., Die Psalmen I. Psalm 1–50 (NEB), 1993; Psalm 51–100 (HThKAT), 2002

Kraus, H.-J., Psalmen, 1. Teilband: Psalmen 1–59 (BK XV/1), [5]1978;
2. Teilband: Psalmen 60–159 (BK XV/2), [5]1978; 3. Teilband:
Theologie der Psalmen, BK XV/3, [2]1989
Oeming, M., Das Buch der Psalmen. Psalm 1–41 (NSK.AT 13/1),
2000
Seybold, K., Die Psalmen (HAT I/15), 1996

3. Literatur zu Psalm 8

Crüsemann, F., Die Macht der kleinen Kinder. Ein Versuch, Psalm
8,2b.3 zu verstehen, in: Was ist der Mensch? FS H.W.Wolff,
1992, 48–60
Neumann-Gorsolke, Ute, Herrschen in den Grenzen der Schöpfung.
Ein Beitrag zur alttestamentlichen Anthropologie am Beispiel
von Psalm 8, Genesis 1 und verwandten Texten (WMANT 101),
2004
Rudolph, W., »Aus dem Munde der jungen Kinder und Säuglinge
...« (Psalm 8,3), in: FS W. Zimmerli, 1977, 388–396
Schmidt, W.H., Gott und Mensch in Ps. 8, in: Ders., Vielfalt und
Einheit alttestamentlichen Glaubens, Band 2, 1995, 16–30
Stamm, J.J., Eine Bemerkung zum Anfang des 8. Psalms, ThZ 13
(1957), 470–478

4. Literatur zu Psalm 19

Grund, Alexandra, »Die Himmel erzählen die Herrlichkeit Gottes«.
Psalm 19 im Kontext der nachexilischen Toraweisheit (WMANT
103), 2004 (403 Seiten, davon 36 Seiten Literaturangaben!)
Meinhold, A., Überlegungen zur Theologie des 19. Psalms: ZThK 80
(1983), 119–136
Oeming, M., Auf der Suche nach Verbindungslinien – Psalm 19
als Ganzheit betrachtet, in: Verbindungslinien. FS für W.H.
Schmidt zum 65. Geburtstag, 2000, 249–263
Steck, O.H., Bemerkungen zur thematischen Einheit von Psalm 19,
2–7, in: Werden und Wirken des Alten Testaments. FS für C.
Westermann zum 70. Geburtstag, 1980, 318–324

5. Literatur zu Psalm 104

Krüger, T., »Kosmo-theologie« zwischen Mythos und Erfahrung.
Psalm 104 im Horizont altorientalischer und alttestamentlicher
»Schöpfungs«-Konzepte, BN 68 (1993), 49–74
Steck, O.H., Der Wein unter den Schöpfungsgaben. Überlegungen
zu Psalm 104, in: ders., Wahrnehmungen Gottes im Alten Tes-
tament (TB 70), 1982, 240–261

BIBLISCH-THEOLOGISCHE STUDIEN 54

Hans Jochen Boecker

»Gott gedachte es gut zu machen«

Theologische Überlegungen
zum alten Testament

NEUKIRCHENER

NEUKIRCHENER

176 Seiten
ISBN 978-3-7887-1942-5